그린이 **이인숙**

대학에서 응용미술학을 공부한 뒤, 영국 킹스턴대학교에서 일러스트레이션 고급 과정을 수료했습니다.
지금은 일러스트레이터로 활동하며 다양한 어린이 책에 그림을 그리고 있습니다.
그린 책으로는 《바리데기 당금애기》 《꾀보 코요테》 《어린이 경제 이야기》 등이 있습니다.

이어령의
춤추는
생각 학교 ❺
뜨자 날자 한국인

첫판 1쇄 펴낸날 2009년 1월 10일
　9쇄 펴낸날 2016년 7월 28일

지은이 이어령　**그린이** 이인숙
발행인 김혜경　**편집인** 김수진
주니어 본부장 박창희
편집 김성은 박현숙 진원지
디자인 전윤정
마케팅 정주열
경영지원국장 안정숙
회계 임옥희 양여진 김주연
인쇄 중앙피엔엘
제본 정민문화사

펴낸곳 (주)도서출판 푸른숲
출판등록 2002년 7월 5일 제 406-2003-032호
주소 경기도 파주시 회동길 57-9 파주출판도시 푸른숲 빌딩, 우편번호 10881
전화 031)955-1410　**팩스** 031)955-1405
홈페이지 www.prunsoop.co.kr　**이메일** psoopjr@prunsoop.co.kr

Text copyright ⓒ이어령, 2009
Illustration copyright ⓒ이인숙, 2009

ISBN 978-89-7184-628-5 74380
　　　978-89-7184-621-6 (세트)

푸른숲주니어는 푸른숲의 유아·어린이·청소년 책 브랜드입니다.

* 잘못된 책은 구입하신 서점에서 바꾸어 드립니다.
* 본서의 반품 기한은 2021년 7월 31일까지입니다.

뜨자, 날자 한국인

이어령 글 | 이인숙 그림

이어령의
춤추는
생각학교
5

푸른숲주니어

글쓴이의 말

춤추는 생각 학교에 온 걸 환영한다!

이 책은 '나의 꿈, 나의 생각을 창조하는 마법의 춤 교실'이란다.

자유롭게 세상을 보려면
마음과 생각을 춤추게 해야 해.
걸음은 어떤 목적이 있어서 발을 옮기는 일이지만
춤은 즐겁고 신나서 몸이 저절로 움직이는 거야.

시험 기계란 말이 있잖아?
점수를 잘 받으려고 남이 가르쳐 준 대로
달달 외우기만 하면 재미도 없고
빠르게 변하는 세상을 따라갈 수도 없어.

생각을 춤추게 하라.
그리고 춤추듯 살아라.
삶은 즐겁고 아름다운 것이란다.

2009년 1월 이어령

| 차례 |

앞마당

너 정말 한국 사람 맞니? 8

첫 번째 마당

신화 속에 새겨진 우리 얼굴

단군 신화의 수수께끼 12
하늘이 있고 땅이 있고
그 사이에 사람이 있어 18

두 번째 마당

둘인 것보다 짝인 게 좋아

젓가락 속에 담긴 소중한 우리 정신 24
수저, 둘이자 하나인 것 32

세 번째 마당

온몸으로 먹는 우리 음식

국수와 스파게티, 같은 면인데도
우린 너무 달라 40
맛을 비벼, 비빔밥! 46

네 번째 마당

오래 묵을수록 깊어지는 한국의 맛

우리의 맛과 향, 간장 52
시간과 더불어 익어 가는 맛,
맛과 더불어 익어 가는 마음 58

다섯 번째 마당

밥이 좋아, 빵이 좋아?

쌀나무와 빵나무 66
단지 문화가 다를 뿐이야 72

여섯 번째 마당

넉넉한 게 좋아

옷고름, 더러는 조이고 더러는 풀어요 80
보자기는 만능 선수 86

일곱 번째 마당

조화로움이 깃든 집, 한옥

여름엔 시원한 마루에서,
겨울엔 따뜻한 온돌방에서 96
자연을 닮았네! 104

여덟 번째 마당

호흡도 척척, 서로 도우면 신나요!

우리만의 고유한 놀이, 널뛰기 110

아홉 번째 마당

손에 손 잡고 벽을 넘어서

피부 색깔이 그리 중요해? 120
아시아 사람으로 우뚝 서라 126

뒷마당

세계라는 무대 위에서 장구를 울려라 132

책 속의 책

우리 문화 생각 사전 135

앞마당

너 정말 한국 사람 맞니?

네가 좋아하는 음식, 즐겨 입는 옷을 한번 살펴봐. 너 혹시 빈대떡보다는 피자를 더 좋아하고 한복보다는 서양 옷을 주로 입고 다니지 않니? 춤도 힙합 같은 외국에서 들어온 춤을 많이 추고. 그뿐이니? 젓가락질을 못해 포크를 쓰는 애들도 많다고 하더라. 더군다나 네가 쓰는 말까지 서양 말 천지이니 더 말해 뭐 하겠니. 한번 손꼽아 봐. 라디오, 텔레비전, 버스, 콜라, 아이스크림, 컴퓨터…….

개개비는 뻐꾸기가 자기 둥지에 몰래 와서 낳아 놓은 알을 까서 열심히 기른다고 하더라. 너는 자기 둥지에서 남의 새끼를 키우는 어리석은 개개비가 아니야. 아무리 생활이 바뀌고 문화와 문명이 달라져도 너는 틀림없는 한국인이지.

거울 앞에 서서 네 얼굴을 한번 자세히 들여다보렴. 콧등은 서양 사람보다 낮고, 그 주위는 움푹 파여 있으며, 콧방울은 옆으로 퍼져 있지. 눈두덩도 부어 있는 것처럼 두툼하고 대개는 쌍꺼풀도 없어. 어떤 학자들은 수만 년 전 우리 조상인 몽골로이드가 지구상에서 가장 추운 시베리아 동북쪽에서 살았기 때문에 그렇게 된 것이라고 해. 이렇게 우리 얼굴에는 수만 년 동안 이어져 온 삶의 역사가 기록되어 있어. 그러니까 개인의 얼굴만이 아니라, 한민족의 얼굴에는 오랜 세월을 두고 생각하고 느껴 온 그들만의 문화가 새겨져 있지.

네 얼굴이 아버지와 어머니를 닮은 것처럼 한국인의 얼굴은 우리 조상들의 얼굴을 닮았다고 할 수 있어. 그리고 몇 천 년 동안 피에서 피로 전해 내려온 한국인의 생각과 마음이 우리 머리카락에서 발톱 끝까지 숨 쉬고 있는 거지.

자, 내 손을 잡아. 그리고 마주 보자. 너와 나의 얼굴 속에, 그리고 너와 나의 핏속에 숨어 있는 한국인의 이야기를 들려줄게. 무엇을 먹고, 무엇을 입고, 어떤 집에서 어떻게 살아왔는지 생활 속에 숨어 있는 뜻을 조금씩 캐 보기로 하자.

단군 신화의 수수께끼

신화에는 인간의 진실한 마음이 담겨 있어서
실제 일어난 이야기보다 더 우리들 가슴에 와 닿아.

"한민족의 맨 처음 조상은 누구일까?" 하고 물으면 대부분 "단군요!" 하고 대답할 거야. 그래, 단군은 이 땅에 처음 나라를 세운 분이야. 너는 단군 신화를 통해서 단군이 한민족의 맨 처음 조상이라는 것을 들어 알고 있을 거야. 그렇다면 이 이야기 속에는 어떤 뜻이 숨어 있을까? 또 5천 년도 넘은 이 이야기가 어떻게 우리에게 전해졌을까? 자, 이제 단군 신화를 찬찬히 들여다보면서 함께 생각해 보자.

하느님의 아들인 환웅은 하늘나라에 살다가 사람들에게 지혜를 주기 위해 땅으로 내려왔어. 그 뒤로 인간들은 다른 짐승들과 달리 지혜롭게 살아갈 수 있었지. 그것을 본 곰과 호랑이는 사람이 너무나 부러웠어. 그래서 환웅을 찾아가 이렇게 부탁했어.

"저희들도 사람이 되게 해 주세요. 사람이 될 수만 있다면 무엇이든지 할게요."

환웅은 둘에게 캄캄한 굴속에서 마늘과 쑥만 먹으며 백 일 동안 참고 견디면 사람이 될 수 있다고 했지.

호랑이 녀석은 힘이 세고 날렵하긴 했지만 참을성이 없었어. 그래서 '아이고, 정말 못 견디겠다. 사람이 되지 않아도 좋으니 먹고 싶은 걸 먹고, 보고 싶은 걸 보면서 살아야겠어.' 하고 동굴 밖으로 뛰쳐나가 버렸지. 누가 강제로 시킨 일이 아니었으니까 나가고 싶을 때 나가면 그만이었거든. 그런데 곰은 백 일 동안 꼼짝도 하지 않고 마늘과 쑥만 먹으며 참고 견뎌 냈어.

왜 곰은 동굴 밖으로 나가지 않고, 혼자서 그 외로움과 고통을 참아 냈을까? 사람이 되고 싶은 바람이 너무도 간절했기 때문이야. 마음만 먹으면 언제든지 동굴을 뛰쳐나갈 수 있었는데도 소망을 이루기 위해 '사람이 되게 해 주시옵소서, 사람이 되게 해 주시옵소서.' 하고 열심히 기도하며 백 일을 견뎌 냈지. 그래서 비로소 사람이 될 수 있었던 거야. 그것도 아리따운 여자, '웅녀'로 말이야.

모진 시련을 견뎌 내고 사람이 된 웅녀는 자기를 사람으로 만들어 준 하느님의 아들 환웅과 결혼까지 했어. 그래서 낳은 아들이 바로 단군이야. 그러니까 단군의 어머니는 곰이었고 아버지는 하느님의 아들이었던 거지.

이 이야기를 듣고 너는 고개를 갸웃거릴지도 모르겠다. 동물원에서 곰을 본 적이 있지? 장난감 가게에서 열심히 북을 치고 있는 곰 인형도 봤을 테고. 그런데 그런 곰이 단군을 낳은 어머니라니, 아무리 생각해도 이해가 가지 않을 거야. '짐승이 어떻게 사람을 낳을 수가 있나?' 하고 생각할지도 모르지.

하지만 이 이야기가 어떻게 지금 우리에게까지 전해졌는지 알고 나면 생각이 좀 달라질 거야. 너희가 지금 배우고 있는 역사를 생각해 보렴. 역사란 문화나 문명이 변화하고 발전해 온 자취 또는 기록을 말해. 그런데 먼 옛날로 올라갈수록 그런 기록들은 찾아보기가 힘들어. 왜냐하면 아주 오랜 옛날에는 글이라는 것이 없었고, 종이가 발명된 것도 불과 몇 천 년 전의 일이거든. 그래서 우리가 역사라고 부르는 것들 가운데 아주 오래된 이야기들은 대부분 입에서 입으로 전해져 내려왔어. 할아버지가 들려주는 옛날이야기처럼 말이야. 단군 이야기 또한 이렇게 입으로 전해 내려왔지. 이렇게 한 민족 사이에서 오랜 세월 동안 전해 내려온 신성한 이야기를 신화라고 해. 신화에는 상상으로 꾸며 낸 이야기들이 아주 많단다.

그렇다고 신화를 전부 가짜라고 말할 수는 없어. 사람과 동물이 이야기를 나누는 건 현실에서 있을 수 없는 일이지만, 그들이 서로 돕고 우정을 나누는 마음은 사실 이상으로 진실하잖아. 신화에는 인간의 진실한 마음이 담겨 있어서 실제 일어난 이야기보다 더 우리들 가슴에 와 닿아. 그래서 우리는 신화 이야기를 좋아하지.

참고 견뎌서 사람이 된 곰과 그렇지 못한 호랑이 이야기, 그건 바로 우리의 이야기야. 사실 너도 어렸을 때에는 짐승과 다를 게 없었어. 배가 고프면 울음을 터뜨리고, 하고 싶은 걸 못하게 하면 심술을 부리고, 부모님 말씀도 잘 듣지 않고, 또 더 어렸을 때에는 짐승처럼 기어 다니기까지 했잖아.

네가 그런 짐승과 같은 상태에서 지금처럼 사람이 될 수 있었던 것은, 네 속에 사람이 되고자 하는 간절한 바람이 있었기 때문이야. 네가 이렇게 인격을 가진 사람이 되지 못했다면 어땠을까? 겉모습만 사람이지, 아무거나 함부로 먹고 아무 행동이나 서슴지 않는 강아지와 다를 바가 없었을 거야.

그럼 간절히 바라기만 하면 사람이 될 수 있을까? 그런 건 아니야. 너희들 중에는 원하는 것을 이루기 위해서 열심히 노력하는 사람이 있는가 하면, 자기 힘만 믿고 으스대는 사람도 있지.

이 둘 가운데 누가 진짜 사람이 될 수 있을까? 힘이 세다고 호랑이가 사람이 될 수 있었니? 사실 힘으로 따지자면 사람보다는 짐승이 훨씬 강하지. 견디기 힘든 상황 속에서도 웅녀처럼 자기 자신과 싸우면서 원하는 것을 끝까지 이루려고 하는 그 마음가짐이야말로 가치 있는 사람이 되는 길인 거야.

하늘이 있고
땅이 있고
그 사이에 사람이 있어

우리가 먹는 음식 하나도 하늘과 땅, 사람이 서로 도와야 만들어져.

너는 '단군 신화'에서 고조선이 인간의 힘으로만 만들어진 나라가 아니라는 것을 알았을 거야. 하느님의 아들과 땅의 곰이 결혼해서 낳은 아들이 고조선이라는 나라를 만들었으니까 말이야. 이걸 보면 우리 민족이 처음에 어떠한 마음으로 이 나라를 만들었는지 잘 알 수가 있어. 그것은 바로 이 세상은 하늘과 땅과 사람이 피를 나눈 형제처럼 서로 힘을 합쳐 살아갈 때에 비로소 행복하게 잘 살 수 있다는 거야.

하늘은 아버지처럼 햇볕과 비를 내려 주고, 땅은 어머니처럼 하늘에서 내려 준 것들을 받아서 곡식을 만들지. 사람은 그 곡식을 먹고 살아가니까, 하늘이 우리 아버지이고 땅이 우리 어머니인 거야. 그래서 우리 조상들은, 이 세상에는 하늘과 땅이 있고 비로소 사람이 있다는 생각을 가지고 살아왔지. 그것을 어려운 말로 '삼재(三才 : 하늘과 땅과 사람을 이르는 말) 사상' 또는 '삼의'라고 해. 삼재 사상은 우리 전통 문양인 삼태극을 보면 잘 드러나 있어.

삼태극 문양을 보면 하늘과 땅과 사람을 상징하는 빨강, 파랑, 노랑이 하나로 모여 있어. 그러니까 우리 조상들은 하늘, 땅, 사람, 이 세 가지가 한데 합쳐진 힘을 숭상했던 거야.

그런데 하늘, 땅, 사람이 모두 하나라는 생각이 단군 신화에만 나오는 것은 아니야. 농사를 짓는 사람도 같은 생각을 가지고 있었어. 하늘에서 내려 주는 햇볕과 비가 없이는 농사를 지을 수가 없지. 그러면 하늘이 주는 것만 가지고 농사가 될까? 아니지. 땅이 있어야 그 땅에 씨를 뿌려 곡식을 가꿀 수가 있잖아. 그럼 하늘과 땅에서 받은 것만으로 농사가 될까? 그것도 아니야. 그냥 씨만 뿌려 두면 논이나 밭은 바로 풀밭이 되고 말아. 사람이 풀도 뽑고 거름도 주면서 잘 가꾸어야 농사가 잘되지.

이렇게 우리가 먹는 음식 하나도 하늘과 땅, 사람이 서로 도와야 만들어져. 그래서 농사짓는 사람들은 쌀 한 톨, 배추와 무 하나도 소중히 여기고 늘 하늘과 땅에 감사를 드렸어. 이제 우리 조상들이 왜 농사를 세상의 근본이라고 생각하면서 몇 천 년을 살아왔는지 이해가 가지? 이렇듯 단군 이야기와 농사를 지으며 살아온 한국인의 마음은 따로 떼어 생각할 수가 없어.

하늘에서 하느님의 아들이 내려오고, 곰이 사람으로 변하고, 하느님의 아들과 사람으로 변한 곰이 결혼해서 아들을 낳고, 그 아들이 나라를 세우고……. 이런 이야기가 겉으로 보면 아주 우스울지 몰라. 하지만 그 속에는 하늘과 땅과 사람이 서로 조화를 이루어서 우리나라와 민족이 생겨났다는 깊은 뜻이 담겨 있지.

신화가 인간의 문화를 이루는 바탕이 된다는 의미에서 우리가 보는 공상 만화는 오늘날의 신화라고도 할 수 있어. 사람들이 우주를 개척하는 만화 속 이야기들도 사실은 많은 부분이 거짓이잖아. 하지만 그런 만화 속에는 지구를 벗어나 더 먼 우주로 나아가고 싶은 인간의 꿈이 담겨 있어. 그리고 아마 언젠가는 실제로 그런 일들이 가능하게 될 거야.

이렇게 과거에 있었던 이야기, 미래에 일어날 수 있는 이야기들이 바로 역사를 만들고 이끌어 나가는 거란다. 그러니까 신화는 바로 역사를 낳은 아버지, 어머니인 셈이지. 이제 알겠지? 우리 민족의 신화는 우리 역사를 만드는 원동력이 되어 왔다는 걸. 신화는 이렇게 그저 옛날이야기가 아니라, 지금 우리의 이야기가 될 수도 있단다.

젓가락 속에 담긴
소중한 우리 정신

우리가 젓가락을 사용하는 것은 음식을 만드는 사람이
먹는 사람을 배려한 데서 생겨난 풍속이라고 할 수 있어.

너는 냉면을 어떻게 먹니? 언젠가 냉면 집에 갔다가 네 또래 아이 하나가 포크로 냉면을 먹고 있는 걸 보고 정말 놀랐단다. 스파게티를 먹듯 포크로 냉면을 돌돌 말아서 먹는 아이를 보니 슬픈 생각마저 들었어. 분명히 그 애는 머리카락도 눈도 까만 토박이 한국 사람이었는데, 젓가락질을 못했던 거야.

　나중에 안 일이지만, 요즘 절반이 넘는 초등학교 학생들이 젓가락질을 제대로 못한다고 해. '까짓 거, 아무거로나 먹으면 어때. 편한 걸로 먹으면 되지.' 이렇게 생각할지도 몰라. 그것도 틀린 말은 아니야. 젓가락이나 포크 모두 음식을 먹기 위한 도구니까 편한 걸로 먹으면 그만이지. 하지만 먹기 편하다는 게 뭐겠니? 다음 이야기를 잘 새겨 보렴.

어느 날 여우가 황새를 집으로 초대했어. 여우는 황새를 골탕 먹이려고 납작한 접시에다 음식을 내왔단다. 황새의 긴 부리로는 납작한 접시에 담긴 음식을 먹을 수 없다는 걸 여우는 알았거든. 황새가 배를 곯을 동안 여우는 보란 듯이 혓바닥으로 음식을 맛있게 핥아 먹었지.

그러자 약이 오른 황새가 여우를 초대해서는 목이 길고 좁은 병에다 음식을 내왔어. 이번에는 여우가 골탕을 먹고 굶게 됐어. 여우의 짧은 주둥이로는 병 속에 담긴 음식을 도저히 먹을 수 없었던 거야. 물론 황새는 긴 부리로 병 속에 든 음식을 맛있게 다 먹었지.

이렇게 납작한 접시에 담긴 음식을 먹기에는 여우의 짧은 주둥이가 편하고, 목이 좁고 긴 병에 든 음식을 먹기에는 황새의 긴 부리가 편해. 이렇듯 음식에도 제각기 먹기 편한 도구가 따로 있어.

그렇다면 서양 사람들은 왜 포크와 나이프를 쓰고, 우리는 왜 숟가락과 젓가락을 쓸까? 동양 사람과 서양 사람은 생각하는 틀이 조금씩 달라. 그러니까 음식을 먹는 도구에도 차이가 있지.

사람들이 즐겨 먹는 돈가스, 스테이크 같은 서양 음식을 떠올려 봐. 고깃덩어리를 통째로 요리해서 접시에 담아 내오잖아. 먹는 사람이 직접 칼로 잘게 썰어야만 먹을 수 있게 말이야. 칼질을 하려면 고깃덩어리가 움직이지 않게 잡아 줘야 하니까 쇠스랑 같은 포크도 있어야 해.

하지만 부엌에서 미리 고기를 썰어서 내놓는다면 포크와 나이프는 필요 없을 거야. 우리처럼 젓가락만 가지고도 아무 불편 없이 잘 먹을 수 있겠지. 이것을 뒤집어서 생각해 보면 왜 우리가 젓가락을 사용했는지 알 수 있어.

그리고 보니 우리처럼 젓가락을 사용하는 중국이나 일본의 요리들도 잘게 썰어져 나오지? 그건 음식을 만드는 사람이 부엌에서 미리 먹기 좋게 썰어 내놓기 때문이야.

물론 우리나라에서도 불고기나 갈비를 먹을 때 처음에는 통째로 구워. 그래도 우리는 포크나 나이프를 찾지 않아. 고기를 구운 다음에 먹기 좋게 잘라서 밥상에 올려놓기 때문이야.

이에 견주어 포크와 나이프는 음식을 먹는 사람보다는 만드는 사람 입장에서 생겨난 것이라고도 할 수 있어. 포크와 나이프로 음식을 먹는 것이 나쁘고 젓가락을 쓰는 것은 좋다는 이야기는 아니야. 이처럼 우리 문화와 서양 문화는 음식을 먹는 데 쓰는 도구 하나에서도 차이가 난다는 거지.

우리는 개인보다는 상대방을, 그리고 너와 나 사이의 관계를 중시해. 그러니까 서양처럼 '각자 알아서 썰어 먹어라.' 하지 않고, 먹는 사람 편에 서서 마음을 쓰지. 그렇게 사람 사이의 정과 관계를 존중하는 문화에서 자란 우리나라 사람들은 자연히 젓가락을 필요로 하게 된 거야. 다시 말해 우리가 젓가락을 사용하는 것은 음식을 만드는 사람이 먹는 사람을 배려한 데서 생겨난 풍속이라고 할 수 있어. 이런 아름다운 마음이 바로 젓가락 정신이라고 해도 좋을 것 같구나.

젓가락 정신은 요즘 세상에서 더욱 빛이 난단다. 이를테면 네가 컴퓨터를 사는데, 파는 사람이 "망가지거나 고장 나는 것은 전부 고객의 책임입니다. 저희는 판매만 하니 구입한 물건에 대한 문제는 직접 알아서 해결하십시오."라고 말한다면 얼마나 불편하겠어. 하지만 물건을 만드는 사람이 쓰는 사람의 입장에서 물건을 만들고 판다면, 구석구석까지 신경을 써서 튼튼하게 만들겠지. 고장이 나면 달려가서 고쳐 주기도 할 테고.

집에서 쓰는 전자 제품이 고장 나면, 그것을 만든 회사에서 애프터서비스라는 걸 해 주잖아. 그 애프터서비스 제도도 원래 우리처럼 젓가락을 쓰는 일본에서 생겨난 거야. 서양 문화가 들어와 많은 것이 변했지만, 이 젓가락 정신만은 꼭 지켜야 할 소중한 문화 유산이라는 생각이 들지 않니?

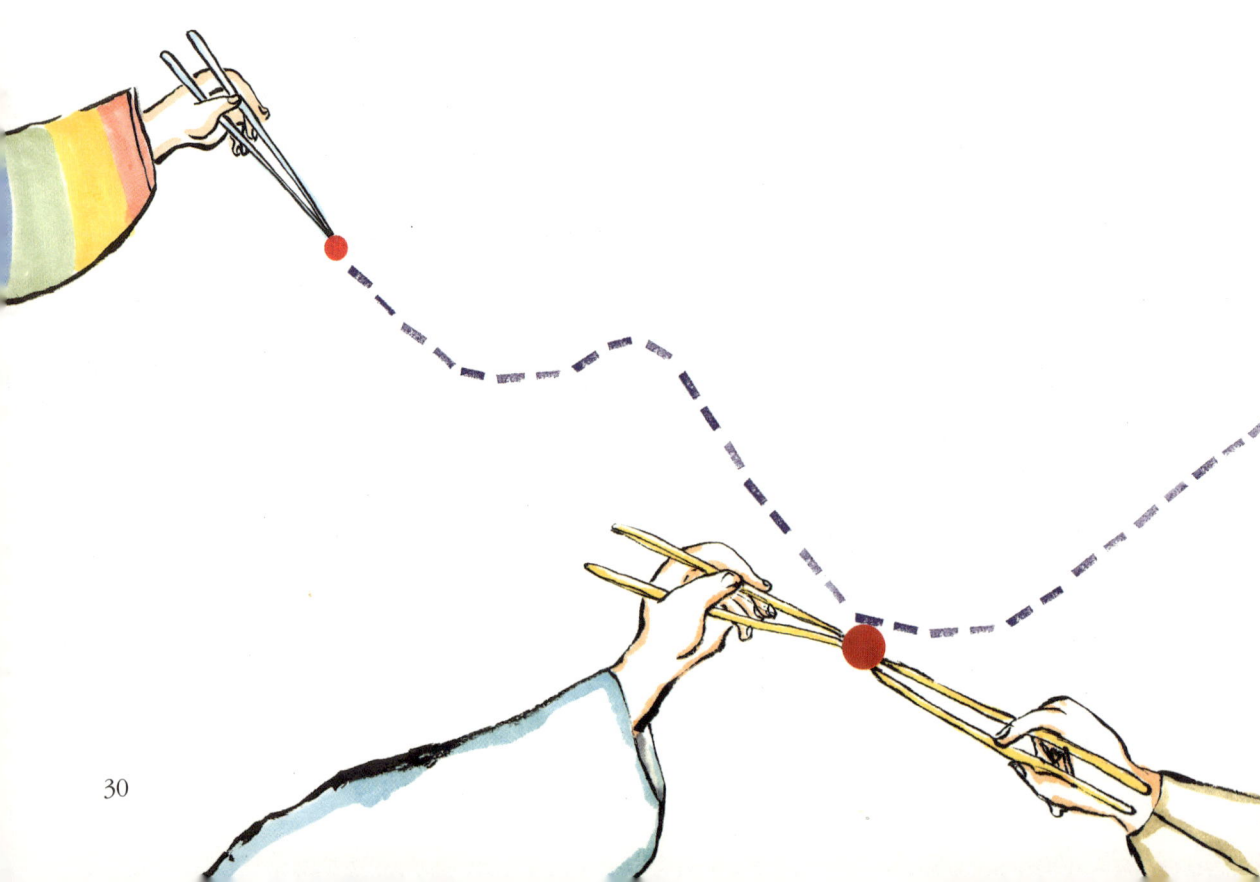

젓가락은 포크나 나이프를 쓰는 것과 달라서 반드시 배워야만 사용할 수 있어. 어려서부터 제대로 배워 두지 않으면 어른이 되어서도 젓가락질을 못하지. 너도 젓가락질을 할 줄 모른다면, 오늘부터라도 배워서 우리 음식을 먹을 때만은 포크를 쓰지 말았으면 좋겠다.

게다가 어려서부터 젓가락을 사용하면 머리도 좋아지고 손재주도 좋아진다잖아. 우리나라 사람이나 일본 사람이 물건을 잘 만드는 것도, 우리나라가 국제 기능 올림픽에서 좋은 성적을 거두는 것도, 어렸을 때부터 젓가락질을 해서 손재주가 있기 때문이라고 과학적으로 증명되었어.

이 젓가락질을 제대로 배워야 나중에 네 아이들에게도 가르쳐 줄 수가 있어. 문화란 그렇게 이어지는 거야. 우리는 이런 문화 속에서 비로소 한식구를 이룰 수 있지. 그리고 남과 다른 한국 문화를 가지고 세계 무대로 나아갈 수 있어.

수저, 둘이자 하나인 것

숟가락과 젓가락은 각각 다른 것이지만,
이 두 개가 함께 있어야 밥을 제대로 먹을 수 있어.

젓가락을 사용하는 나라끼리도 서로 다른 문화를 가지고 있어. 같은 젓가락인데도 자세히 관찰해 보면 중국 것과 일본 것과 우리 것이 제각기 다르게 생겼지. 서양 사람들이 보기에는 다 비슷하겠지만 사실은 그렇지 않아.

일본 젓가락은 우리 것보다 크기가 작고 끝이 뾰족해. 일본 사람들은 생선을 많이 먹잖아? 젓가락 끝이 뾰족해야 가시를 잘 발라 낼 수 있고, 부스러진 살점도 집어 먹을 수 있지. 우리는 생선을 먹기는 해도 일본 사람들만큼 많이 먹지는 않아. 대신 김치, 콩나물 같은 것을 집어 먹어야 하니까 젓가락 끝이 너무 뾰족하면 오히려 불편하지.

중국 젓가락은 우리 젓가락의 배가 될 정도로 길어. 중국 사람들은 커다랗고 둥근 상에 온 식구가 둘러앉아 밥을 먹어. 많은 식구가 한 상에 앉아서 밥을 먹자니 자연히 젓가락이 길어진 거야. 그래야 먼 곳에 있는 음식도 집어 먹을 수가 있잖아.

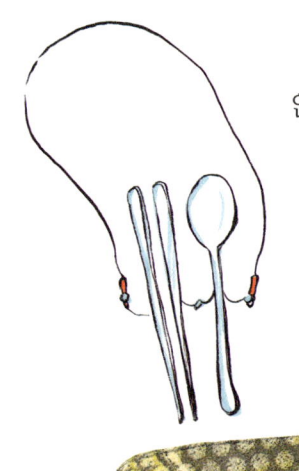

우리도 많은 식구가 한집에 모여 살았는데, 왜 젓가락이 길지 않았느냐고? 우리는 여러 개의 밥상을 따로따로 차렸기 때문이야. 요즘은 다들 한 상에서 밥을 먹지만, 옛날에는 아버지는 큰아들과 먹고, 여자들은 여자들끼리, 아이들은 또 아이들끼리 먹었거든. 그러니까 중국처럼 젓가락이 길 필요가 없었어.

우리 젓가락이 중국, 일본과 다른 중요한 차이점이 또 하나 있어. 중국도 일본도 젓가락으로만 밥을 먹는데, 한국 사람은 숟가락이라는 게 하나 더 있거든. 물론 중국에도 숟가락이 있지만 국을 떠먹을 때에 조금 쓸 뿐 대부분은 젓가락을 사용해. 우리나라에서 숟가락과 젓가락을 들여간 일본은 처음에는 숟가락과 젓가락을 함께 썼어. 하지만 시간이 흐르면서 점차 젓가락만 쓰게 되었어. 한국 사람만 숟가락과 젓가락을 함께 사용하지.

'수저'라는 말을 들어 봤을 거야. 수저는 숟가락과 젓가락을 함께 가리키는 말이야. 숟가락과 젓가락에서 '가락'이라는 말을 떼어 내면 '수'와 '저'가 남잖아. 이 두 단어가 합쳐져서 바로 '수저'가 되었어. 우리는 숟가락과 젓가락을 따로 보지 않고 하나로 본 거야. 숟가락과 젓가락은 각각 다른 것이지만, 이 두 개가 함께 있어야 밥을 제대로 먹을 수 있잖아.

그래서 우리는 그 둘을 하나의 짝으로 본단다. 포크와 나이프를 포나이프나 나이포크라고 부르는 걸 들어 봤어? 서양 사람들은 두 개가 같이 짝을 지어도 절대로 하나로 보지 않아. 언제나 따로따로야. 우리는 이렇게 따로따로인 두 개가 하나로 합쳐지는 것을 무척 중요하게 생각했어.

둘이면서도 하나와 마찬가지인 것, 모든 사물을 이렇게 짝을 지어서 생각하는 것을 음양 사상이라고 해. 이런 음양 사상은 우리 음식에도 잘 드러나 있어. 국에는 건더기와 국물이 있지. 깍두기나 김치도 마찬가지야. 이렇게 우리 음식에는 고체와 액체가 고루 어우러져 있어. 그래서 숟가락으로는 액체인 국물을 떠먹고, 젓가락으로는 고체인 건더기와 반찬을 집어 먹지.

빛이 있으면 반드시 그림자가 있는 것처럼 이 세상의 모든 것은 다 이렇게 짝을 이루고 있어. 숨을 한번 쉬어 봐. 들이마시고 내쉬는 것이 함께 이루어져야 숨을 쉴 수 있지. 계속 들이마시거나 계속 내쉬기만 하면 제대로 숨을 쉴 수가 없어.

바다의 파도도 그래. 앞으로 밀려오는 것을 밀물이라고 하고 뒤로 물러나는 것을 썰물이라고 하지. 그리고 이 둘이 반복하는 것을 보고 파도가 친다고 하잖아. 낮도 밤도 마찬가지야. 낮은 밤이 되고 밤은 낮이 되면서 하루하루가 흘러가잖아. 세상은 모두 이렇게 둘이자 하나인 것으로 되어 있어.

그러니 순가락이나 젓가락 하나만 가지고는 세상의 맛을 다 볼 수 없어. 순가락과 젓가락을 써서 음과 양이 잘 어우러지게 한 한국의 수저 문화는 세상 돌아가는 이치가 담긴 훌륭한 것이란다.

몇 천 년 전부터 우리 조상들이 젓가락질과 숟가락질을 해 오던 그 마음을 이제는 네 것으로 만들어 봐. 은수저처럼 하얗게 빛나는 마음으로 너의 미래를 맞이하고 맛보렴. 그러면 너는 포크와 나이프로는 그리고 젓가락만으로는 도저히 맛볼 수 없는 삶의 참 맛을 느끼게 될 거야.

세 번째 마당

온몸으로 먹는 우리 음식

국수와 스파게티,
같은 면인데도
우린 너무 달라

먹는 것 속에는 많은 의미가 숨어 있어.
체형뿐 아니라 사람들의 정신, 문화와도 깊은 관련이 있지.

소는 사자나 늑대보다 몸집이 큰데도 아주 순해. 풀을 먹고 사는 초식 동물은 먹잇감을 구하기 위해 싸울 필요가 없기 때문이야. 만약 풀이 동물들처럼 덤벼든다면 소도 그렇게 순하지는 않을 거야. 그런데 풀은 가만히 있잖아? 그래서 초식 동물은 공격적이지 않고 싸움도 잘 안 하지.

하지만 육식 동물은 몸집이 작은 것들도 무척 사나워. 고양이를 봐. 날카로운 발톱이 여간 무섭게 생기지 않았지? 고양이는 쥐처럼 움직이는 동물을 잡아먹고 사니까 날카로운 발톱이나 이빨이 필요한 거야. 새들은 어떠니? 두루미는 물속에 있는 물고기나 갯지렁이를 콕콕 찍어 먹어야 하니까 다리도 길고 부리도 길어. 이렇게 동물들의 성격과 생김새는 먹는 것에 따라서 결정되지.

사람도 동물만큼은 아니지만, 무엇을 먹느냐에 따라서 성격이나 생김새가 조금씩 달라. 채식을 많이 하는 우리나라 사람들은 허리가 길고 다리는 짧아. 야채를 소화시키려면 장이 길어야 하거든. 장이 길면 그것을 담고 있는 허리도 자연히 길어지게 마련이지. 반대로 서양 사람들은 다리가 길고 윗몸은 우리보다 짧아. 주로 육식을 하니까 장이 길 필요가 없어서 그렇지.

한국인과 서양인의 체형이 이렇게 다른 것은 물론 여러 가지 원인들이 있겠지만, 식생활 습관도 중요한 원인 중에 하나라는 거야.

이렇게 먹는 것 속에는 많은 의미가 숨어 있어. 체형뿐 아니라 사람들의 정신, 문화와도 깊은 관련이 있지.

앞으로는 국경 없는 시대가 열릴 거야. 네가 어른이 될 때쯤이면 중국과 미국, 유라시아와 아프리카 대륙까지 전 세계가 네 무대가 되겠지. 그 무대에서 맘껏 날개를 펼치려면 다른 여러 문화를 알고 이해하는 일이 필요해. 하지만 내 문화도 제대로 알지 못하면서 어떻게 남의 문화를 알 수 있겠니?

자, 이제 우리 음식에 담긴 정신과 문화, 그리고 서양 음식과 우리 음식의 차이를 살펴보자.

사람과 문물이 서로 오가다 보면 음식 문화도 서로 섞이게 돼. 인도 사람들이 먹는 카레라이스를 우리도 먹고 있는 것처럼 말이야. 그런데 똑같은 카레라이스라도 인도 사람들이 먹는 것과 우리가 먹는 것은 아주 달라. 인도에서는 카레에다 여러 가지 독특한 향신료를 넣기 때문에 맵고 냄새도 강해서 처음 그 음식을 접하는 사람에게는 조금 역겨울 수도 있지.

이렇게 세계 여러 나라에 알려진 음식을 통해 각 나라 사이 미묘한 맛의 차이를 더 잘 알 수 있단다. 다른 나라의 음식 문화를 받아들일 때 각기 자기 나라 사람들의 입맛에 맞게 변화시키기 때문이지.

스파게티도 그래. 우리가 이탈리아 음식으로 알고 있는 스파게티가 원래 어느 나라에서 전해진 줄 알아? 마르코 폴로라는 이탈리아 사람이 13세기에 중국을 다녀가면서 중국의 국수를 이탈리아에 전한 거야. 스파게티 소스로 가장 많이 쓰는 토마토도 이탈리아에서 난 것이 아니라 남아메리카 대륙에서 전해진 거고. 이탈리아와 멀찌감치 떨어진 두 나라에서 들여온 재료들로 만들어진 스파게티가 이탈리아의 대표적인 음식이 된 거야.

스파게티와 우리 국수를 비교해 보면 서양과 우리 음식 문화가 어떻게 다른지, 우리 음식 문화가 어떠한 특징을 가지고 있는지 잘 알 수 있어.

우선 스파게티는 국물이 없어. 그러니까 포크로 둘둘 말아서 먹지. 하지만 국수는 대부분 국물에 말아서 젓가락으로 먹어. 그것만이 아니야. 우리는 국수를 먹을 때 파, 마늘 같은 양념도 집어넣고, 그 위에 고명을 얹지.

고명이란 음식의 모양과 빛깔을 돋보이게 하고 음식의 맛을 더하기 위해 음식에 얹거나 뿌리는 것을 통틀어 이르는 말이야. 국수 위에는 흰자와 노른자를 따로따로 얇게 부쳐서 가늘게 썬 달걀지단, 잘 마른 빨간 고추를 가늘게 썰어서 만든 실고추, 약간 구워서 가늘게 썬 김 따위를 골고루 보기 좋게 얹지. 그럼 국물 위로 살며시 얼굴을 내민 희고 정갈한 국수에 노랗고 하얀 달걀지단과 빨간 실고추, 또 까만 김, 파란 파와 오이채, 이렇게 다섯 가지 색깔의 고명들이 예쁘게 장식되어 얼마나 먹음직스럽겠니.

그렇지만 스파게티는 여러 재료로 맛을 낸 소스를 끼얹고 그 위에 치즈 가루를 뿌리면 그만이야.

같은 국수인데도 참 다르지? 음식 문화의 차이점은 국수뿐만 아니라 다른 음식을 만드는 데서도 볼 수 있어.

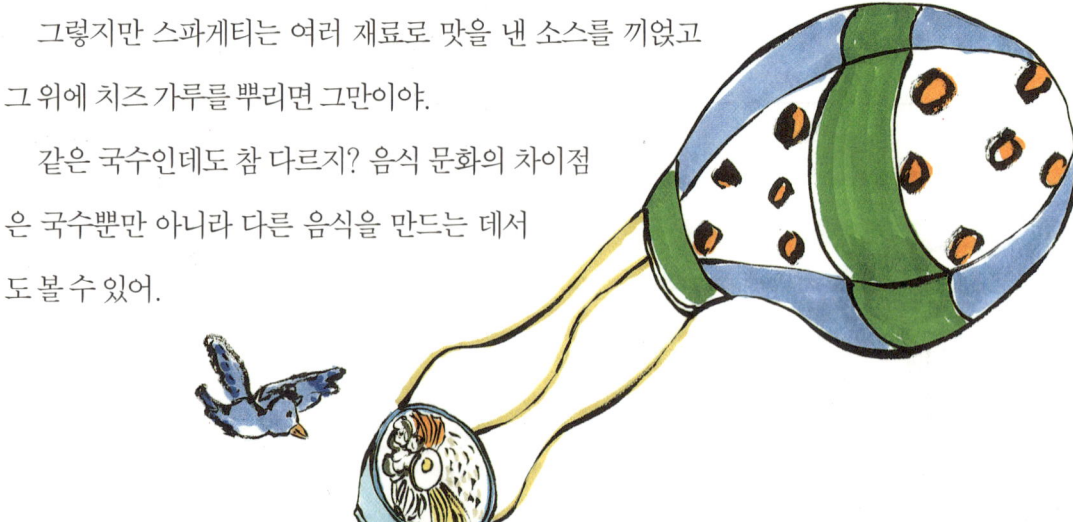

달걀로 음식을 만들 때 서양 사람들은 통째로 삶아서, 혹은 기름에 부친 달걀 프라이로 내놓는 게 보통이야. 물론 우리도 달걀 프라이를 해 먹지만, 그건 우리 전통 음식이 아니야. 우리는 삶은 달걀 하나를 내놓더라도 고명을 얹었어. 김, 실고추, 야채 같은 것을 어울리게 해서 담아냈지.

우리는 왜 이렇게 삶은 달걀에도 국수에도 고명을 얹을까? 자, 우선 고명 색깔을 살펴보자. 달걀의 흰자는 하얗고, 노른자는 노랗고, 실고추는 빨갛고, 김은 까맣고, 파는 파랗지. 색깔이 모두 몇 가지야? 흰색, 노란색, 빨간색, 검은색, 파란색, 모두 다섯 가지지. 이 다섯 색깔은 무엇을 뜻할까? 파랑은 동쪽, 하양은 서쪽, 빨강은 남쪽, 검정은 북쪽, 그리고 노랑은 한가운데를 나타내는 색이야. 이것은 각각 봄, 여름, 가을, 겨울, 그리고 계절과 계절 사이를 의미하기도 한단다.

한국 사람들은 예로부터 이 다섯 가지를 색의 기본으로 생각했어. 그래서 먹는 음식에도 다섯 가지 색깔을 골고루 사용했지. 색깔을 혀로 느낄 수는 없어. 그건 눈과 마음으로 맛보아야 해. 양념은 혀로 느끼는 육체적인 맛이지만 고명은 눈으로 즐기는 정신적인 맛인 거지.

이렇게 우리 음식은 맛과 멋을 다 가지고 있어. 음식 하나에서도 육체와 정신의 조화를 이루려고 했지. 보고 느끼고 생각하게 만드는 음식, 그것이 우리 음식의 자랑스러운 모습이란다.

맛을 비벼, 비빔밥!

세상의 맛이란 비빔밥의 맛과 같아.
이것저것이 다 합쳐져 하나를 이루는 오묘한 맛 말이야.

우리 음식 중에 비빔밥이 있지? 비빔밥은 밥, 야채, 고기, 양념, 고명을 한 그릇에 모두 넣고 비벼서 하나의 독특한 맛을 만들어 내. 세상도 이 비빔밥처럼 되어 있지. 식물, 동물, 광물 따위가 한데 어우러져 세상을 이루고 있잖아. 이 가운데 어느 하나만 없어도 세상은 완벽한 조화를 이룰 수 없어. 세상의 맛이란 바로 이 비빔밥의 맛과 같아. 이것 저것이 다 합쳐져 하나를 이루는 오묘한 맛 말이야.

우리나라처럼 양념과 고명이 많은 나라도 없어. 서양 음식이 바이올린이나 피아노 하나로 연주하는 독주곡이라면 우리 음식은 교향곡이야. 피아노, 바이올린, 첼로, 클라리넷, 트럼펫, 이 모든 악기가 함께 어우러져 웅장한 교향곡을 연주하듯 우리 음식도 많은 양념과 고명 들이 조화를 이루어 독특한 맛을 만들어 내지.

이렇게 만들어진 우리 음식은 온몸으로 먹게 돼. 고명은 눈으로, 양념은 혀로, 또 냄새는 코로, 음식을 씹는 소리는 귀로 맛보지. 상추쌈 먹는 모습을 한번 보렴. 상추에다 밥과 고기, 양념한 된장이나 젓갈을 얹고 보자기처럼 싸서 입에 넣는 사람들의 표정이 어떻던? 땀까지 흘려 가면서 그야말로 온몸으로 먹잖아. 이게 바로 한국 음식이야. 서양 사람들은 따로따로 독립된 맛을 느끼기 위해 음식을 순서대로 하나씩 하나씩 먹지. 수프는 수프대로, 고기는 고기대로, 후식은 후식대로. 그런데 우리는 상에다 한꺼번에 모두 차려 놓고 이것저것 섞어서 먹어.

어떤 외국 사람이 내게 이런 말을 했어.

"한국 사람들은 음식 맛을 모르는 것 같아요. 김치니 고기니 나물이니, 이런 것들을 한꺼번에 먹으면 어떤 게 어떤 맛인지 어떻게 알겠어요. 밥상에 차려진 음식들이 마치 여러 사람이 와글와글 떠들어 대는 것 같아요."

그래서 내가 그랬지.

"그건 뭘 모르고 하는 소리네요. 우리는 당신네처럼 음식을 따로따로 먹지 않아도 그 맛을 하나하나 다 느낄 수 있어요. 당신이 생각하는 것처럼 이것저것 섞어 놓은 맛이 아니지요. 고추장을 먹고 매울 때에는 싱거운 밥을 먹어 혀에 남아 있던 매운 고추장 맛을 다 씻어 낸답니다. 그러고 나서 김치를 먹으면, 밥이 고추장 맛을 다 씻어 낸 뒤라 김치 맛이 그대로 혀끝에 느껴지지요. 고기를 먹든 나물을 먹든 찌개를 먹든 밥이 그때그때 맛을 다 씻어 주기 때문에 언제나 처음 먹는 것처럼 각각의 음식 맛을 느낄 수 있어요."

그래, 밥은 간이 되어 있지 않기 때문에 다른 여러 가지 맛을 하나하나 제대로 느낄 수 있게 해 줘.

밥은 단순한 음식이 아니야. 맛있는 음식도 그것만 먹으면 질려서 많이 못 먹잖아. 하지만 밥은 아무리 많이 먹어도 질리지 않아. 그럼 밥은 무슨 맛일까? 그 맛은 설명할 수가 없어. 아무 맛도 없거든. 그렇기 때문에 온갖 맛을 다 만들어 낼 수 있지. 밥은 어느 색이나 다 칠할 수 있는 하얀 종이 같은 거야. 흰 쌀밥의 맛, 그것은 바로 교향곡같이 갖가지 맛을 포용할 수 있는 한국인의 맛이야.

너는 앞으로 어떤 맛과 멋으로 세상을 살아가야 할지 지금부터 잘 생각해 보고 마음속에 새겨 두렴.

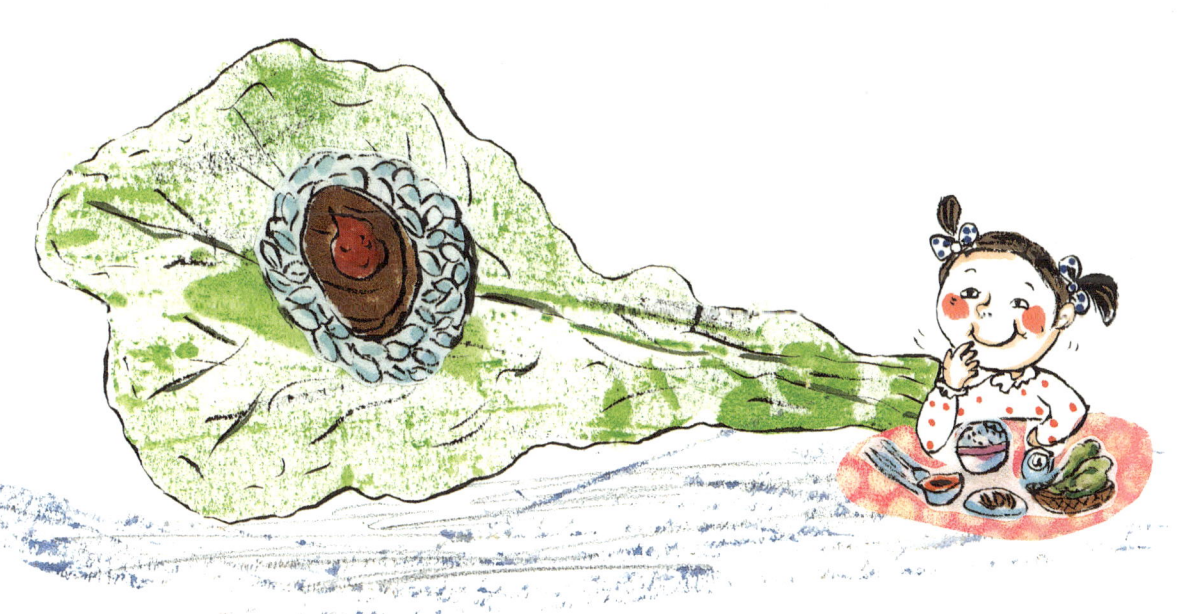

네 번째 마당

오래 묵을수록 깊어지는 한국의 맛

우리의 맛과 향, 간장

자연이 스스로 변해 처음과는 다른 맛을 내는 것,
이게 바로 우리의 장맛이야.

사람들은 대부분 세 가지 방법으로 요리를 해. 첫 번째가 날것을 그대로 먹는 거야. 일본의 생선회와 서양의 샐러드가 그런 종류이지. 두 번째로는 불에 익혀 먹는 방법이 있어. 굽기, 찌기, 삶기, 볶기 등 여러 가지가 있지만, 불을 이용한다는 점에서는 모두 마찬가지야. 마지막으로 삭혀 먹는 방법이 있어.

술을 만들 때를 한번 생각해 봐. 재료를 통에 담아서 일정한 시간 동안 가만히 놔두면 술이 되지? 가만히 놔두기만 하는데 어떻게 술이 되느냐고? 미생물이 생겨나 재료를 변화시키기 때문이야. 이런 걸 '삭는다' 또는 '익는다'라고 하지.

삭는다는 것은 어떻게 보면 썩는 것하고도 비슷해. 삭거나 썩는 것은 모두 미생물이 생겨나 음식물이 변하는 거니까. 하지만 썩는 것이 나쁜 변화인 데 비해 삭는 것은 좋은 변화야. 우리나라에는 간장, 된장, 김치, 젓갈처럼 삭혀서 먹는 발효 음식이 많아. 이것이 바로 우리 한국 음식의 특징이야.

그건 우리 전통 가옥에 반드시 있는 장독대만 보아도 알 수 있어. 서양에는 장독대 같은 것이 없지. 발효 식품이 별로 없기 때문이야. 우리나라에서도 요즘은 아파트에 많이 사니까 장독대를 찾아보기 힘들어졌지만 말이야.

장독대는 장을 담은 항아리들을 올려놓았던 공간이야. 옛날 사람들은 햇볕이 잘 드는 뒷마당 한쪽에 땅보다 조금 높게 돌을 쌓아 장독대를 만들었어. 그리고 거기다 장항아리들을 두었단다. 키 순서대로 나란히 놓여 있는 크고 작은 항아리 속에는 간장, 된장, 고추장, 장아찌가 담겨 있었지. 이렇게 장항아리를 두는 장독대가 있었다는 건, 우리가 그만큼 발효 식품을 많이 먹었다는 얘기야.

그에 비해 서양은 쇠고기나 양고기 같은 고기 종류를 주로 먹으니까 익혀 먹는 요리법이 많았어. 그런데 고기는 조금만 지나도 상해 버리잖아. 지금이야 냉장고가 있어서 오랫동안 신선하게 보관할 수 있지만 옛날에는 그렇지 못해서 때로는 약간 맛이 간 고기를 먹어야 할 때도 있었어.

이런 고기들은 냄새가 나서 잘 먹을 수가 없겠지? 그래서 매운 맛도 있고 독특한 향내도 나는 후춧가루를 맛이 간 고기에 뿌려 냄새를 없앴던 거지. 그러니까 후춧가루는 서양 사람들이 식사를 할 때 꼭 있어야 할 필수품이었어.

후춧가루같이 향이 나는 것들을 향신료 또는 향미료라고 부르는데, 이 향신료는 원래 동양의 인도나 스리랑카 같은 곳에서 나는 거야. 그래서 유럽 사람들은 비싼 값에 사다 먹을 수밖에 없었어. 당시 유럽 사람들은 후추를 구하려고 야단이었어. 그래서 후추를 독점해서 파는 사람들이 생겨났단다. 이탈리아 베네치아 지방의 메디치라는 상인은 후추로 많은 돈을 벌어 레오나르도 다빈치나 갈릴레이 같은 예술가, 과학자들을 후원하기도 했단다. 한 후추 상인이 서양 문화에 기초를 닦은 셈이지.

많은 유럽 사람들은 후추가 나는 곳을 찾으려고 동양으로 가려 했어. 콜럼버스도 인도로 가는 새로운 뱃길을 찾다가 아메리카 대륙을 발견한 거야. 놀랍지 않니? 음식에 후춧가루를 뿌려 먹는 식습관 때문에 아메리카 대륙을 발견하게 되었다니 말이야. 이렇게 후추는 서양 문명 전체와 깊은 관련이 있단다.

그럼, 서양의 후춧가루에 맞먹는 우리의 간장은 어떨까? 후추처럼 간장도 우리 문화에 엄청난 영향을 끼쳤단다. 간장은 서양의 후춧가루처럼 수입해서 쓴 것이 아니야. 우리 땅에서 나는 콩으로 메주를 쑤고 그것을 띄워서, 즉 발효시켜서 만들었지. 간장이나 된장, 고추장 같은 것은 하루 이틀에 만들어지지 않아. 제대로 익으려면 상당한 시간이 필요해.

간장을 담그는 것만 해도 그렇잖아. 간장을 담그려면 우선 가을에 콩을 수확해서 메주를 쑤어 겨우내 방 안에다 주렁주렁 매달아 두어야 해. 그러면 메주에 푸릇푸릇 곰팡이가 슬기 시작하지. 이 푸른곰팡이들이 콩을 발효시키는 거야. 이렇게 곰팡이가 슬어 잘 발효된 메주를 가지고 봄에 비로소 장을 담그지.

간장이나 된장 맛은 결국 메주에서 우러난단다. 이것은 불로 익히는 것도 아니고, 날 것도 아니고, 자연을 이용해서 그대로 익히는 거야. 인공적인 것도 아니고 자연 그대로도 아닌, 사람이 자연을 응용해서 먹을 수 있는 음식을 만든 것이지.

있는 그대로 먹는 것을 자연, 불에 익혀서 먹는 것을 문화라고 한다면, 그 사이에 있는 것이 이 발효 문화야. 그러니까 우리 음식은 자연이나 문화 어느 한쪽에도 치우치지 않지. 유교에서 말하는 중용의 문화가 음식에도 나타나 있는 거야. 자연이 스스로 변해 처음과는 다른 맛을 내는 것, 이게 바로 우리의 장맛이야.

시간과 더불어
익어 가는 맛,
맛과 더불어
익어 가는 마음

우리 생각과 행동도 세월과 더불어 익어 가야 해.

옛날에는 장맛이 한 집안의 음식 솜씨를 재는 기준이었어. 그래서 어머니들은 장을 담그는 데 많은 정성을 쏟았단다. 장을 담글 때면 반드시 날을 골랐지. 어느 날 장을 담그면 맛이 없고, 어느 날 담그면 맛있었거든. 어머니들은 이런 걸 일일이 따져 가며 가장 적당한 날을 골라 정성 들여 장을 담갔어. 장을 익힐 때에도 햇볕이 나면 뚜껑을 열어 놓았다가 비가 올 듯하면 재빨리 닫고 하면서, 한 달이고 두 달이고 장맛을 냈지.

간장, 된장, 고추장은 다 이렇게 콩으로 메주를 쑤어서 그것을 오랫동안 띄우고, 소금물에 그 메주를 담그거나 메줏가루에 소금과 고춧가루 등을 섞어서 다시 적당하게 익힌 거야. 그러니까 간장이나 된장, 고추장은 두 번이나 발효시킨 음식이지. 장은 메주 띄울 때 한 번, 장을 담가 또 한 번 발효시켜야 제 맛이 우러나. 그리고 담근 해에 다 먹는 것이 아니라 한 해, 두 해, 세 해 묵혀 가며 맛을 냈어.

그렇게 가장 오래 묵힌 장, 맛이 제일 좋은 장 들은 장독대 한쪽에 두었다가 귀한 손님이 오면 내와서 장맛을 자랑하곤 했단다. 어떤 집은 딸을 낳으면 그해에 간장을 담가 여러 해 묵히고 묵혀서 딸을 시집보낼 때 잔치 음식 장만하는 데 쓰기도 했지. 그러니 간장 하나에 얼마나 오랜 세월과 정성이 담겨 있겠니. 그렇게 오랜 세월을 두어도 맛이 변하지 않고 오히려 좋아지는 것은 발효 식품밖에 없을 거야.

그리고 앞에서도 이야기했듯이 발효 식품은 우리 스스로 만들어서 먹었어. 서양 사람들이 후추를 먼 나라에서 가져와 먹은 것과는 다르지. 너는 '서양 사람들은 다른 나라에 가서 무역도 하고 신대륙도 발견했다는데, 우리 조상들은 도대체 뭘 한 거야?' 하고 생각할지 몰라. 하지만 그건 하나만 알고 둘은 모르는 소리야.

우리가 만약 서양처럼 남의 나라에 의존해야 하는 후추 같은 향신료를 먹었다면 어땠겠니? 우리도 배를 타고 다른 나라에 가서 구해 와야 했을 거야. 그러기 위해서는 무역도 했을 거고, 때로는 전쟁도 해야 했겠지.

하지만 우리는 우리 땅에서 나는 것으로 자급자족했어. 아무리 가난한 집이라도 간장, 된장을 한 항아리씩 담가 놓고 먹었잖아. 그러니까 남의 나라와 무역을 할 필요도 없고, 남의 것을 뺏으려고 다른 나라에 쳐들어갈 필요도 없었지.

그런 것들이 우리의 발전을 더디게도 했지만, 그만큼 안정된 생활을 할 수 있는 바탕이기도 했어. 우리가 서양 사람들보다 진취적이지 못해서 혹은 게을러서 그랬던 게 아니니까.

게다가 우리는 세계에서 가장 발달한 발효 식품을 만든 민족이야. 대표적인 게 바로 김치야. 일본에도 단무지라고 해서 무를 발효시켜 먹는 음식이 있기는 하지만 김치와는 상대도 안 돼.

발효된 무인 단무지는 잘 닦아서 물기 없이 먹지만, 김치와 깍두기는 발효된 국물까지 버리지 않고 고스란히 먹잖아.

그뿐만이 아니야. 김치에는 옛 사람들의 지혜가 담겨 있단다. 옛날부터 우리는 가을에 무, 배추를 거둬 김장을 담가 놓고 겨우내 두고두고 먹었지. 겨울에 나지 않는 무, 배추 같은 야채를 상하지 않게 오래 두고 먹을 수 있도록 했으니 우리 옛 조상들이 얼마나 슬기로웠는지 알겠지?

김치는 그 종류도 얼마나 많은지 몰라. 배추김치, 깍두기, 총각김치, 동치미, 갓김치, 보쌈김치 등 170여 가지나 된다고 해. 김치는 아주 독특한 맛을 가졌어. 불로 익힌 맛도 아니고, 날것의 맛도 아닌 발효된 맛 말이야. 서양 사람들은 실험실에서 발효를 돕는 효모균을 발견했지만, 우리 민족은 생활 속에서 효모를 길러 내고 응용하는 천재들이었단다. 그렇게 해서 생겨난 것이 바로 김치, 간장 같은 발효 식품이지. 이 발효 식품이야말로 식물과 미생물을 자원으로 삼는 바이오 시대를 여는 중요한 열쇠가 될 거야.

우리 문화의 저 밑바닥에는 김치를 익히고 장을 묵히고 젓갈을 삭히듯 시간과 더불어 조금씩 익어 가는 기다림과 참을성이 있어. 시간을 두고 서서히 익어 가는 발효 문화 속에서 우리 민족의 기다림과 참을성이 자란 거야. 이렇게 오래 묵을수록 맛이 들고, 인간과 자연 어느 하나의 힘만으로는 만들어지지 않는 귀중한 발효의 문화, 발효의 사고가 바로 한국인의 문화란다.

　우리 생각과 행동도 세월과 더불어 익어 가야 해. 우리가 사는 지금 이 세상에도 불로 금방 부글부글 끓이는, 아니면 날것으로 허겁지겁 먹는 그런 맛과는 다른 삶의 맛이 있단다. 김치가 익고 밥이 뜸 들고 새우젓이 삭는 것을 기다리는 마음, 그런 한국인의 마음을 우린 잊어서는 안 돼. 그래야 삶의 참맛을 알 수 있거든. 샐러드 같은 날것의 맛이 아니라 김치만이 가지는 그 오묘하고 깊은 맛을 말이야.

다섯 번째 마당

밥이 좋아, 빵이 좋아?

쌀나무와 빵나무

무조건 땅을 넓혀야 밀을 더 많이 거둘 수 있다고 생각한 사람과, 정성을 더 쏟아야 벼를 더 많이 수확할 수 있다고 생각한 사람이 서로 다른 문화를 만들어 낸 것은 당연한 일이 아닐까?

도시에 사는 아이에게 쌀이 어디서 나느냐고 물었더니 쌀나무에서 난다고 했다는 우스개 이야기를 들은 적이 있어. 그러고 보면 우리들 대부분이 밥이 어떻게 해서 밥상에 오르는지, 우리 식생활을 대표하는 밥이 서양의 빵과 어떻게 다른지 생각해 볼 기회가 없었을 것 같아.

하지만 늘 보고, 듣고, 먹는 것들을 다시 한 번 새롭게 보고 생각하는 사람이 남보다 뛰어난 생각을 할 수 있어. 조금만 깊이 생각해 보면 우리가 몰랐던 많은 것을 알 수 있을 거야. 새로운 것을 발견하는 방법은 책에 씌어 있지도 않고 누가 가르쳐 주지도 않아. 그 방법을 알아내는 힘은 우리 안에 있으니까 스스로 찾아내기만 하면 되지.

고대 그리스의 철학자인 소크라테스는 제자들을 가르칠 때 산파술이라는 방법을 써서 새로운 생각을 이끌어 냈다고 해.

'산파'란 아기를 낳을 때 아기를 받아 주는 일을 하는 사람을 말하지. 그리고 '술'은 요술, 예술, 수술 할 때처럼 꾀, 재주, 기술을 말해. 그러니까 산파술은 아이가 잘 나오도록 도와주는 기술을 말하는 거야.

새로운 생각을 낳을 수 있도록 돕는 방법을 이것에 비유해 산파술이라 부르게 된 거지. 다시 말해 산파술이란 누군가가 궁금하고 어려운 것을 물을 때, 질문한 사람에게 질문을 거듭함으로써 그 사람 스스로 답을 찾아내도록 가르치는 방법이야.

그러면 우리도 산파술 놀이를 한번 해 보는 게 어떨까? 나는 묻고 너는 대답하고 그러다 보면 네 마음속에서 새로운 생각이 아기처럼 태어날 거야. 자, 시작해 볼까?

- 한국 사람은 매일 무얼 먹니?
- 밥을 먹지요.
- 서양 사람은?
- 빵을 먹고요.
- 다른 것은 안 먹니?
- 물론 다른 것도 먹지요. 우리는 반찬을 밥과 같이 먹고 서양 사람들은 고기를 빵과 같이 먹어요.
- 그러면 아까 왜 밥과 빵이라고만 대답했니?
- 다른 것도 먹지만, 서양 사람들은 빵을, 한국 사람들은 밥을 거의 끼니마다 상에 올리니까요. 말하자면 대표 음식이라는 거지요.
- 그래, 네 말처럼 서양 식생활을 대표하는 것은 빵이고 한국 식생활을 대표하는 것은 밥이야. 그렇다면 밥은 무엇으로 만드니? 그리고 그것은 어떻게 만들지?
- 밥은 쌀로 만들지요. 그리고 쌀은 농부들이 논에서 길러 내요.

🧑 그러면 빵은?

👦 빵은 밀로 만들어요. 하지만 밀은 논이 아니라 밭에서 나요. 그런데 그걸 만드는 사람은 똑같이 농사를 짓는 사람들이에요.

🧑 그래. 동양이나 서양이나 모두 농부들은 흙에다 곡식을 심고 가꾸지. 그런데 농사를 짓는 방법도 같을까?

👦 음, 아니오. 벼농사는 논에 물을 대야 하고, 밀농사는 밭에 씨를 뿌리기만 하면 되니까요.

🧑 그래, 맞아. 그런데 볍씨는 물을 댄 논에다 직접 뿌리니?

👦 아니오. 못자리를 따로 만들어서 거기다 볍씨를 뿌려요.

🧑 그래, 일정한 곳에 씨를 뿌려 놓았다가 어느 정도 자라면 다시 논에다 옮겨 심지. 그러면 모는 어떻게 심을까?

👦 가지런히, 두세 포기씩 심어요.

🧑 그럼, 밀은 어떻게 키울까? 모처럼 씨앗을 따로 옮겨 심니?

👦 아니오. 그럴 필요 없어요. 한 번 씨를 뿌리면 끝이에요.

그래, 넌 벌써 중요한 해답을 찾았어. 이렇게 벼농사를 짓는 일이 밀농사를 짓는 일보다 더 힘들지. 또 이걸로 음식을 만드는 방법도 사뭇 다르단다. 밥은 무엇으로 만들까? 쌀로 만들지. 그럼 빵은? 밀로 만들어. 그럼 쌀로 밥을 짓는 거랑 밀로 빵을 만드는 과정이 어떻게 다른지 한번 살펴보자.

밀로 빵을 만들려면 먼저 밀을 빻아서 가루로 만들어야 해. 밥은 벼의 껄끄러운 껍질만 벗겨 내고 물을 부어서 끓이면 되고. 우리에게도 서양의 빵과 비슷한 음식이 있지? 그래, 떡이야. 똑같이 쌀로 만들지만 밥은 쌀에 물을 부어 끓이면 되고, 떡은 빵을 만들 듯이 쌀을 가루로 만들어서 쪄야 하지.

우리가 만약 밥 대신 떡을 주식으로 삼았다면 매일같이 번거롭게 떡방아를 찧어야 했을 거야. 쌀을 만드는 게 밀을 만드는 것보다 훨씬 힘들었지? 그런데 음식을 만드는 과정은 빵이 훨씬 힘들어. 이러한 것들이 서양과 동양의 문화적인 차이를 낳게 했단다.

서양 사람들은 밀을 많이 생산하려면 땅을 넓혀야 한다고 생각했어. 하지만 벼농사를 짓는 동양 사람들은 땅에다 정성을 많이 쏟아 부어야 벼를 많이 얻을 수 있다고 생각했지. 무조건 땅을 넓혀야 밀을 더 많이 거둘 수 있다고 생각한 사람과, 정성을 더 쏟아야 벼를 더 많이 수확할 수 있다고 생각한 사람이 서로 다른 문화를 만들어 낸 것은 당연한 일 아닐까?

단지 문화가
다를 뿐이야

밥은 좋고 빵은 나쁘다 따지기보다는, 그 특성을 잘 살펴서
새로운 가치를 만들고 키워 가는 일이 더 중요해.

'우리나라는 왜 옛날의 로마나 영국, 또는 몽골처럼 남의 나라로 처들어가서 땅을 넓히지 못했을까?', '왜 우리나라에는 세계적으로 이름난 훌륭한 영웅들이 없을까?' 또 '우리나라는 왜 만날 침략당하기만 했을까?' 하는 생각에 속상한 적 있니? 그럴 필요 없단다. 그건 단지 문화의 차이일 뿐이거든.

더 많은 곡식을 얻기 위해 땅을 넓혀야 한다고 생각했던 사람들은 남의 나라를 침략하는 방법을 택하기도 했지. 그러나 정성을 배로 쏟아서 농사를 지어야 더 많은 곡식을 얻을 수 있다고 생각했던 사람들은 전쟁을 할 필요가 없었어. 자기가 살고 있는 땅에다 정성을 쏟기만 하면 되니까 말이야. 그래서 벼농사를 짓는 민족은 최선을 다하는 문화, 어려움을 참고 극복하는 정신적인 문화를 만들어 갈 수 있었지.

중국의 고대 유물에는 5~6천 년 전에 벼농사를 지었던 흔적이 남아 있곤 해. 이처럼 벼농사는 아주 오랜 옛날부터 동양 사람들과 매우 밀접한 관련을 맺어 왔지. 동양 사람들 유전자 속에는 땀을 흘리면서 벼농사를 짓던 할머니, 할아버지의 정성스러움과 섬세함, 참을성이 흐르고 있어. 유전자란 자식에게 전해지는 부모의 유전 형질이지. 그래서 네가 벼농사를 직접 짓지 않아도 너의 몸속에 조상들의 정신이 고스란히 남아 있는 거야.

그래서 전자 제품처럼 꼼꼼한 손놀림이 필요한 물건은 동양 사람들이 서양 사람들보다 훨씬 잘 만든다고 해.

반도체가 뭔지 알고 있니? 반도체는 컴퓨터를 비롯한 모든 전자 제품의 심장과 같은 거야. 그런데 이 반도체는 머리카락보다도 가는 회로 위에 먼지 하나만 떨어져도 고속도로 위에 바위가 굴러 떨어진 거나 마찬가지가 되어 버려.

고속도로 위에 바위가 굴러 떨어져 있으면 자동차가 다닐 수 없는 것처럼 반도체는 아주 작은 실수 하나만 생겨도 쓸 수 없게 된다고 해. 또 자동차는 이상이 생기면 부속품 하나만 갈아도 되지만, 반도체는 먼지 하나 없는 밀폐된 방에서 아주 섬세한 작업으로 만들어야 해.

세계에서 반도체를 가장 잘 만드는 사람이 누군지 알고 있니? 바로 손놀림이 섬세한 우리나라 사람들이야. 그래서 우리나라에서 생산된 반도체는 불량품이 가장 적기로 세계에 이름나 있어.

서양 사람들은 밀을 빻아야 빵을 만들 수 있기 때문에 일찍부터 여러 가지 동력을 이용했어. 바람의 힘을 이용한 풍차 방앗간이나 물의 힘을 이용한 물레방앗간이 바로 그것이지. 이런 방앗간들은 나중에 그대로 공장이 되었단다. 그래서 영국 사람들은 여러 가지 물건을 만드는 오늘날의 기계 공장도 옛날부터 부르던 대로 방앗간이라고 말해.

이렇게 밀을 빻아서 가루를 만들던 방앗간은 서양의 현대 문명이 생겨난 아기집 같은 것이었단다. 빵을 먹는 사람들의 필요에 의해서 기계 문명이 생겨났기 때문이지. 이걸 두고 어떤 서양 사람은 동양 사람은 밥을 먹기 때문에 일찍 근대화를 이루지 못했다고 단정 짓기도 했어.

하지만 요즘 서양에서는 반대로 말하는 사람들이 생겨나고 있어. 벼농사를 짓는 동양 사람들은 참을성과 섬세함을 지녔기 때문에 오늘날 첨단 산업인 반도체나 전자 제품을 만드는 데 서양 사람들보다 유리하다고 말이야. 사실 그래. 서양은 경제 성장이 둔해졌지만, 동양은 점점 빠른 속도로 발전하고 있거든.

물론 빵을 먹는 것이 더 좋은지, 밥을 먹는 것이 더 좋은지를 따지기 위해서 이런 이야기를 하는 것은 아니야. 좋고 나쁜 것을 따지기보다는 각각의 특성을 잘 살펴서 새로운 가치를 만들고 키워 가는 일이 더 중요한 거야.

앞으로는 밥도 먹고 빵도 먹는 사람이 되어야만 세계의 마당에서 뛸 수 있어. 그러니 빵을 먹는 식습관이 현대적이고 밥을 먹는 식습관은 구시대적이라는 잘못된 생각을 버리고 벼농사를 짓는 문화와 밀농사를 짓는 문화 각각에 담긴 의미와 차이를 잘 생각해서 마음에 새겨 봐. 그러면 세계 어느 곳에서도 당당하고 자랑스러운 한국인이 될 수 있을 거야.

너는 조금 전 내 질문에 대답하면서 많은 것을 새로 알게 되었지? 이처럼 막연히 보아 오던 것들에 대해 관심을 가지고 새로운 눈으로 바라보면 지금껏 생각해 온 것과는 또 다른 결론을 얻을 수 있어.

매일 먹는 밥과 빵 속에서 서양과 동양 문명의 커다란 차이를 알아낼 수 있었던 것처럼, 네 주변의 사소한 것들 속에서 어떤 철학자나 문화 비평가도 알아내지 못한 새로운 의미를 찾을지도 몰라. 그리고 거기서 미래의 네 모습까지도 볼 수 있을 거야.

여섯 번째 마당

넉넉한 게 좋아

옷고름,
더러는 조이고
더러는 풀어요

살아 있는 사람의 몸과 행동, 생각은 기계처럼 딱딱 맞아떨어질 수가 없어.

인간의 역사를 살펴보면 유명한 인물들도 많지만 이름이 알려지지 않은 천재들도 많아. 그 가운데 하나가 바로 단춧구멍을 만든 사람이야.

단추는 인류의 역사만큼이나 오래되었어. 하지만 이 단추가 실용품이 된 것은 단춧구멍이 발명된 13세기경부터야. 어느 이름 모를 누군가가 단춧구멍을 만들어 낸 그때서야 비로소 단추가 옷을 입을 때 없어서는 안 되는 실용품이 된 거지. 그전에 단추는 멋을 내는 데 쓰는 장식품에 불과했거든.

서양의 단추에 비교할 만한 우리의 물건은 무엇일까? 그래, 옷고름이야. 서양 사람들이 단추를 달고 다닐 때 우리나라 사람들은 옷고름으로 옷을 여미고 다녔어. 우리나라 전통 옷에는 모두 옷고름이 달려 있지.

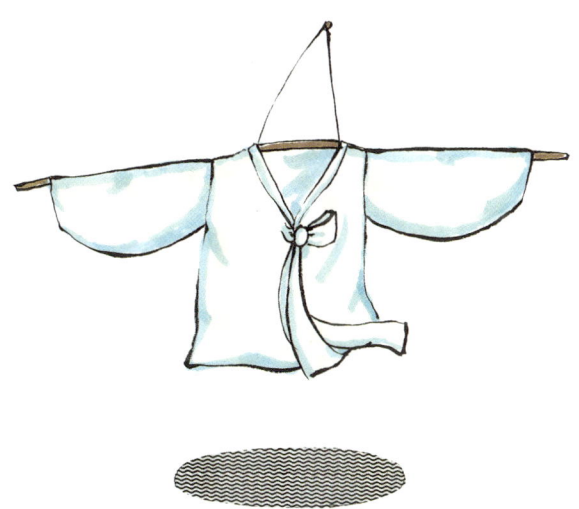

너 혹시 중국의 전통 옷 본 적 있니? 목까지 올라오는 옷깃을 옆으로 여미게 되어 있는 옷 말이야. 그 옷을 가만히 보렴. 실로 만든 단추를 가는 헝겊 끈으로 채워서 여몄을 거야. 동양이고 서양이고 대부분 이처럼 옷을 여미는 데 단추를 사용했어. 그런데 왜 우리만 단추가 아니라 옷고름을 썼을까? 바로 여기에 우리 문화의 비밀이 숨어 있단다.

단추는 꼭 제 구멍에다 끼워야 해. 그러니까 단추를 달 때에도 한 치의 오차 없이 구멍에 맞추어서 달아야 하지. 융통성이 조금도 없는 거야.

단추 하나를 다는 데도 하나하나 틀리지 않게 계산해야 했기 때문에, 서양 사람들은 어려운 말로 합리적이야. 이 합리적인 정신이 오늘날 근대 문화를 만들었지.

그런데 한국 사람은 '사람도 변하고 세상도 변하고 모든 것이 변하기 마련인데, 어떻게 모든 걸 한 치의 오차도 없이 할 수 있느냐.'고 생각했어. 우리는 이치만을 따지는 합리성보다 그때그때 형편을 헤아리는 융통성을 더 중요하게 생각한 거지.

한복 저고리를 보렴. 단추 대신 길게 늘어진 옷고름이 달려 있어. 그것도 한쪽에만 달려 있지 않고 양쪽에 다 달려 있지? 양쪽에서 맬 수 있으니, 저고리가 좀 큰 듯하면 옷고름을 바짝 조여 매고, 작다 싶으면 조금 느슨하게 매면 됐어. 이렇게 우리 옷은 좀 작거나 커도 옷고름으로 적당히 조정해서 입을 수 있지.

바지는 또 어떠니? 양복바지는 몸에 꼭 맞아야 해. 허리띠를 매지 않아도 흘러내리지 않게 정확하게 맞아야 된다고. 그래서 양복점에서 바지를 맞출 때 몇 번이고 허리둘레와 바지 길이를 재지. 만일 우리 할아버지들이 이런 모습을 보았다면 껄껄 웃으며 이렇게 말씀하셨을 거야.

"어허, 그렇게 백 날 재면 뭐하나? 사람의 허리가 언제나 똑같은가? 밥을 먹으면 나오고, 배가 고프면 들어가고, 또 살이 찌면 나오고, 살이 빠지면 들어가는 것이거늘. 애초에 좀 넉넉하게 만들어야 배가 나올 때에는 끈을 느슨하게 해서 입고, 배가 들어가면 조여서 입고 그럴 것 아닌가. 사람들이 머리를 써야지. 그렇게 빡빡하게 한 치 두 치 따지기만 해서 뭐가 되겠나."

죽어 있는 것은 변화가 없지만, 살아 있는 사람의 몸과 행동, 생각은 기계처럼 딱딱 맞아떨어질 수가 없어. 생각해 봐. 세상 사는 일이 단춧구멍에 단추를 끼우듯 언제나 꼭꼭 맞아떨어지겠니.

사람이 무언지, 살아 있는 생명이 무언지 알고 있었던 우리 옛 조상들은, 세상이 단춧구멍에 단추가 들어맞듯 매번 들어맞는 게 아니라는 걸 잘 알고 있었어. 아주 슬기로운 분들이었지. 서양 사람들에게 지식이 있다면, 우리에게는 슬기가 있었던 거야.

물론 옷고름은 단추보다 실용적이지 못한 게 사실이야. 길어서 매듭이 풀리거나 뜯어지기 쉽고, 활동하기도 불편하지. 하지만 단추 대신 옷고름을 쓴, 우리 조상들의 마음만은 잊지 말아야 해. 특히 요즘처럼 모든 걸 재고 따지는 산업 사회에서는 옷고름처럼 더러는 조일 수도 있고 더러는 풀 수도 있는 융통성이 참으로 중요하거든.

보자기는 만능 선수

책가방은 책을 넣는 데에만 사용할 수 있지만,
보자기는 필요에 따라 여러 용도로 쓸 수가 있었어.

내가 꼭 너만 한 나이였을 때 일이야. 아버지가 서울에 다녀오시면서 예쁜 책가방을 사 오셨지. 어깨에 메는, 고동색 장미꽃이 그려진 가죽 가방이었어. 그때는 이 가방을 란도셀이라고 불렀는데, 서양에서 들어온 거였지.

그럼 란도셀이 들어오기 전에는 무엇으로 책을 싸 가지고 다녔느냐고? 책보라고 하는, 무명천으로 만든 보자기에다 책도 넣고, 공책도 넣고, 도시락도 넣어서 다녔어. 이 책보를 어깨에 메거나 허리에 차고 학교를 다녔지.

그러다가 란도셀이 생겼으니 얼마나 기분이 좋았겠니? 그날 밤, 나는 란도셀을 꼭 껴안고 그 낯선 가죽 냄새를 맡으며 잠을 잤단다. 처음 란도셀을 메고 학교에 가던 날, 흐린 하늘도 맑게만 보이고 귓가를 스치는 바람 소리도 마치 노랫소리처럼 들렸지. 아이들은 또 얼마나 부러워하던지. 너도나도 "한번만 만져 보자."며 야단이었어. 나는 잔뜩 뻐기면서 "안 돼!" 하고 아이들의 손을 뿌리쳤지.

책보에 책이나 학용품을 반듯하게 싸려면 솜씨가 여간 좋아서는 안 됐어. 잘못 쌌다가는 필통이나 연필이 비어져 나와 떨어지기 십상이었거든. 게다가 학교에 가서는 풀었다가 집에 올 때 다시 싸야 했으니 얼마나 귀찮았겠니? 하지만 란도셀은 책을 싸는 게 아니라 집어넣기만 하면 되니까 정말 빠르고 간편했지.

또 란도셀을 어깨에 메면 책보처럼 흘러내리지도 않고, 두 손을 마음대로 움직일 수도 있었어. 게다가 책을 넣는 곳, 도시락을 넣는 곳, 필통을 넣는 곳이 칸칸이 나뉘어 있어서 아주 좋았어. 이것저것 한꺼번에 몰아서 싸는 책보하고는 달랐지.

하지만 서양 것이면 다 좋고 편하다는 생각은 얼마 안 가서 깨지고 말았어. 아이들이 다 좋다고 하니까 내색은 안 했지만, 란도셀은 편한 만큼 불편한 점도 많았거든. 책보는 풀어서 개면 부피가 작으니까 호주머니나 책상 서랍에 넣어 버리면 그만이지만 란도셀은 책을 꺼내도 부피가 그대로였어. 너무 커서 책상 서랍에도 들어가지 않으니 결국 빈 가방과 책, 짐이 두 개나 생겼지. 가뜩이나 좁은 교실에서 책가방이 차지하는 공간은 만만치가 않았단다. 게다가 쉬는 시간이면 아이들이 이리저리 뛰어다니다 의자에 걸어 둔 내 란도셀을 건드리지나 않을까, 여간 신경이 쓰이지 않았어.

책보가 가방보다 좋았던 점들을 얘기해 볼까. 시골 길가에는 으레 참외 밭이나 수박 밭이 있어서, 재수가 좋은 날은 아저씨들이 "얘, 이거 하나 먹어 보렴." 하고 참외나 수박을 따 주기도 했어. 그럴 때 책보가 있으면 풀어서 얻은 과일을 얼마든지 싸 올 수 있었지. 책보는 가방하고 달라서 둥그런 수박도, 네모난 책이나 상자도, 술병처럼 길쭉한 것도 얼마든지 쌀 수가 있었어.

그뿐만이 아니야. 책가방은 책을 넣는 데에만 사용할 수 있지만, 보자기는 필요에 따라 여러 용도로 쓸 수가 있었어. 깔고 앉을 것이 없으면 펼쳐서 깔고 앉기도 하고, 햇볕이 따가우면 모자처럼 머리에 써서 햇볕을 가리고, 추울 때면 얼굴을 감싸기도 했지. 심지어는 놀다가 팔을 삐었을 때에도 붕대처럼 싸매어 목에다 걸치곤 했어. 이렇게 보자기는 온갖 것을 다 할 수 있는 만능 선수였단다.

그 시절, 서양에서 온 건 왜 모두 좋아 보이고 우리 것은 왜 그렇게 시시하고 보잘것없게 보였는지……. 세상이 많이 달라졌지만, 네 친구 가운데도 그때 아이들처럼 서양 것이면 무엇이든 좋다고 생각하는 사람이 있을지 모르겠다. 물론 그럴 수도 있어. 서양 것은 우선 낯설고 신기하지. 그리고 우리보다 과학 기술이 발전해서 물건들을 쓰기 편하게 만들기도 해. 이런 편리함 때문에 서양에서 들어온 물건인데 우리도 모르는 사이에 우리 물건처럼 되어 버린 경우가 많아. 우리 것을 하나 둘 밀어내고 그 자리를 차지한 거지.

　하지만 밀려난 우리 물건들 가운데는 서양 물건이 따를 수 없을 만큼 쓸모 있는 것들이 많아. 보자기처럼 말이야. 그리고 가방과 보자기 같은 물건에는 사람들이 세상을 살아가는 방식에서 생겨난 문화라는 것이 있어. 가방에는 가방의 문화가 있고 보자기에는 보자기의 문화가 있는 거지.

가방은 편하기는 하지만 융통성이 거의 없어. 상자처럼 딱딱해서 좀처럼 모양을 바꿀 수가 없지. 장난감 가운데 변신 로봇이라는 것이 있지? 자기 마음대로 자동차도 되었다가 비행기도 되었다가 하잖아. 공상 과학 소설을 보면 가장 첨단적인 기계는 바로 이 변신 로봇과 같은 모습을 하고 있어.

　우리의 보자기가 바로 그런 거야. 보자기는 둥글어지기도 하고, 네모가 되기도 하고, 싸는 물건에 따라 그때그때 아주 쉽게 변하잖아. 그래서 보자기는 옛날 것이라기보다는 현재의 것이고, 미래의 것이 될 수도 있는 거야.

정확하게 따지고 계산하는 것은 컴퓨터나 기계가 다 해 줄 수 있어. 하지만 모든 것을 융통성 있게 조절하는 역할은 컴퓨터나 기계가 할 수 없지. 단추나 책가방의 합리성은 컴퓨터가 대신할 수 있지만, 옷고름이나 보자기같이 그때그때 상황에 맞게 적응하는 융통성은 기계나 컴퓨터가 대신할 수 없는 거야.

옷고름과 보자기는 아주 먼 옛날, 과학이 무언지, 합리주의가 무언지, 기계가 무언지, 산업이 무언지도 모르던 우리 할머니, 할아버지 들이 만든 거야. 하지만 그 속에는 인간에게 필요한 융통성이 담겨 있어. 모든 게 꽉 짜여 숨통을 조이는 오늘날 넉넉한 그 마음은 오히려 빛을 발할 수 있을 거야.

일곱 번째 마당

조화로움이 깃든 집, 한옥

여름엔 시원한 마루에서, 겨울엔 따뜻한 온돌방에서

여름에는 차갑고 시원한 느낌을 주고, 겨울에는 따스한 온기를 전해 주는
그 조화로움이 우리 문화의 바탕을 이루고 있어.

사람이 사는 집은 기후와 밀접한 관련이 있어. 너도 알프스 산맥으로 둘러싸인 스위스의 풍경을 사진이나 텔레비전에서 본 적이 있을 거야. 산에는 하얗게 눈이 덮여 있고, 골짜기에는 파란 호수가 있고, 그 옆으로는 꽃들이 피어 있는 풍경 말이야.

그런 풍경 속에 나오는 집은 어떻게 생겼던? 지붕이 높다랗고 뾰족한 게 꼭 비둘기 집 같지? 스위스 풍경과도 잘 어울리고 말이야.

그런데 스위스 사람들이 집을 그렇게 지은 것은 단순히 보기 좋으라고 그런 게 아니야. 스위스는 눈이 많이 오는 나라잖아. 그 많은 눈이 고스란히 지붕에 쌓이면 어떻게 되겠니? 눈의 무게를 견디지 못하고 무너져 내리고 말겠지. 그래서 눈이 지붕에 쌓이지 않고 잘 미끄러져 내리라고 지붕을 그렇게 뾰족하게 만드는 거야.

남태평양 주위에 사는 사람들의 집은 어떠니? 벽도 없이 원두막처럼 생겼지? 남태평양 지역은 덥기도 하고 태풍도 자주 부니까 바람이 잘 빠지게 하려고 집을 그렇게 짓는 거야. 이렇게 생김새만 보고도 더운 남쪽 지역 집인지 추운 북쪽 지역 집인지 금방 알 수 있어.

그런데 우리나라 집은 남쪽 지역 건물인지 북쪽 지역 건물인지 얼른 알기가 힘들어. 남쪽과 북쪽 문화가 함께 깃들어 있기 때문이지. 이런 게 바로 한국 문화의 특성이야. 중국처럼 대륙 문화도 아니고 일본처럼 섬 문화도 아니지. 우리나라는 반도이기 때문에 대륙 문화와 해양 문화를 다 가지고 있어.

우리나라 전통 집을 보면 툇마루나 대청마루가 있어. 남쪽 지역 건물에는 이처럼 툇마루니 대청마루니 하는 마루가 많아. 북쪽 지역 건물에서는 볼 수 없는 특징이지. 겨울에는 추워서 대청마루를 쓸 수가 없잖아. 그런데 우리나라 사람들은 집을 지으면 방과 방 사이에 꼭 대청마루 같은 마루를 만들었어. 또 아무리 작은 집이라도 툇마루를 두었어. 툇마루는 집 안과 바깥을 이어 주는 중간 공간이란다.

지금은 시골에 가도 대청마루가 있는 집이 드물지만, 예전에는 대부분 집에 다 마루가 있었어. 대청마루에서 올려다본 천장은 방 안의 천장같이 평평하지가 않고, 통나무로 만든 서까래가 그대로 나와 있어. 그건 방 안이 아니라는 뜻이겠지. 앞에서도 말했듯이, 마루는 집 안에 있으면서도 바깥의 일부인 거야.

여름에 문을 다 열어 놓고 대청마루에 누워 있으면 그렇게 시원할 수가 없어. 대청마루에는 여름 한낮에도 늘 땀을 식혀 주는 서늘한 바람이 불거든. 어렸을 때 나는 여름이면 대청마루에 엎드려 숙제를 하곤 했단다. 그럴 때면 대청마루로 솔솔 불어오던 서늘한 바람의 맛, 나는 지금도 그 맛을 잊을 수가 없어.

대청마루에 배를 깔고 누워 있으면 마룻바닥에서 차가우면서도 어머니의 팔목을 벤 것처럼 부드러운 온기가 느껴졌어. 숙제를 하다가 낮잠을 자기도 하고, 흘러가는 구름을 보면서 여러 가지 상상에 잠기기도 했지. 여름에 내 생각을 키워 준 것은 바로 이 대청마루였던 거야.

대청마루는 뛰어놀기에도 좋았어. 대청마루의 나무 바닥은 흙처럼 거칠지도 않고, 방바닥처럼 미끄럽지도 않았거든. 우리 형제들은 대청마루에서 재주도 넘고, 춤도 추고, 조그만 공을 차기도 하면서 놀았단다. 방 안에서 그런 짓을 했다가는 먼지 나고 시끄럽다고 어른들한테 야단맞기 십상이야. 하지만 마루에서는 너그럽게 용서가 되었지. 마루는 이렇게 방 안도 아니고 바깥도 아닌 아주 기막힌 틈새 공간이었어.

99

여름 공간인 마루하고는 정반대로 방 안에 들어가면 온돌이라는 게 있어. 온돌은 겨울을 위한 것이지. 우리나라 전통 집의 또 다른 특징은 바로 이 온돌이야. 온돌은 우리나라가 북쪽 문화를 받아들였다는 것을 뜻해. 한겨울에도 방에 불을 때면 아랫목이 잘잘 끓지. 이 아랫목이라는 것은 온돌방만이 가지는 특징이야.

서양식 난방이 방 안 전체를 따뜻하게 하는 입체 난방이라면, 우리나라 온돌은 바닥만 따뜻하게 하는 평면 난방이야. 그래서 어떤 사람은 이 온돌방 때문에 한국 사람이 게으르다고 말하기도 해. 공기를 데워 주는 입체 난방은 서 있어도 춥지 않지만, 온돌은 바닥만 따뜻하니 서 있으면 춥고, 누워 있어야만 따뜻하잖아. 그래서 겨울이면 모두들 아랫목에 누워 있었어. 이렇게 눕기를 좋아하니까 게으르다는 거지.

물론 전혀 틀린 얘기는 아니야. 하지만 온돌이 그런 부정적인 면만 가진 건 아니란다. 온돌방의 아랫목에는 어머니의 품속 같은 따뜻함이 있으니까 말이야.

어머니는 잘잘 끓는 아랫목에 작은 포대기를 깔고, 그 속에 밥그릇을 묻어 두곤 했지. 밥이 식지 말라고 그런 거야. 내가 밖에서 돌아오면, 꽁꽁 언 내 두 손을 감싸고, 그 아랫목 포대기 속에 밀어 넣어 녹여 주었지. 그리고 따뜻하게 덮어 놓았던 밥으로 밥상을 차려 주었어.

어머니의 품에 안기듯 방바닥에 앉아서 아랫목에 손을 녹이는 따뜻함, 그게 바로 우리의 겨울이었어. 밖에는 눈이 펑펑 쏟아지고 찬바람이 쌩쌩 지붕 위를 지나가지만, 따스한 아랫목에 있으면 어머니의 아기집 속에 들어가 있는 듯한 기분이 들었단다. 아이들은 아랫목에서 언 몸을 녹이며 그 따스함을 한껏 즐겼지.

온돌방 아랫목에는 화끈화끈한 난로나 뜨거운 수증기를 내보내는 후텁지근한 라디에이터와 달리 피부에 포근하게 스며드는 따뜻함이 있어. 꼭 사람이 끌어안아 주는 것 같지. 잠을 잘 때에는 특히 더 그런 느낌이 들어. 방 안 공기가 차가워 뺨은 추운데도 등은 말할 수 없이 따스해. 온돌방에 누우면 제일 따뜻한 데가 등이야. 그래서 '등 따습고 배부르면 부러울 게 없다.'는 말도 있지.

따뜻한 온돌방에 식구들이 모두 누워서 이야기꽃을 피우면 긴 겨울밤도 지루하지 않았어. 온돌방에 누워 할머니한테 듣는 온갖 옛날이야기는 아이들에게 무한한 꿈을 키워 주었단다. 그럴 때면 먼 데서는 개들이 컹컹 짖고, 장단이 잘 맞는 다듬이 소리도 아련히 들려오곤 했지. 그 겨울밤들은 참 아름다웠어.

겨울에 이웃 사람이 놀러오거나 손님이 왔을 때에는 제일 먼저 따뜻한 아랫목을 비워 주었어. 아랫목을 내주는 것이 최고의 대접이었지. 이렇게 온돌의 따스함은 가족이나 이웃과 함께 정을 나누는 우리네 마음을 꼭 닮았단다.

우아, 따끈따끈한 기운이 여기까지 전해 오네.

남방과 북방 문화가 절묘하게 어울린 우리 전통 집들을 봐. **마루와 온돌이라는 서로 다른 두 문화를 슬기롭게 잘 조화시킨 옛 사람들의 지혜가 느껴지지 않니?** 여름에는 차갑고 시원한 느낌을 주고, 겨울에는 따스한 온기를 전해 주는 그 조화로움이 우리 문화의 바탕을 이루고 있는 거야.

앞으로는 어느 한쪽에 치우치지 않고 종합적으로 모든 것을 통합할 수 있는 문화가 필요해. 흔히들 요즘은 멀티미디어 시대라고 하지. 보고, 듣고, 쓰는 모든 것이 하나로 합쳐진 것을 멀티미디어라고 하잖아. 그러니까 우리나라 전통 집은 '멀티 하우스'라고 할 수 있어.

대청마루가 저렇게 생겼구나. 보기만 해도 시원한걸!

자연을 닮았네!

우리나라 집들은 인간이 만든 것임에도 마치 자연의 일부처럼 보였어.

그것만이 아니야. 우리나라 집은 초가든 기와집이든 모두 자연과 조화를 잘 이루고 있어. 옛날 초가들은 이제 대부분 슬래브 집으로 바뀌었지만, 예전에 외국 사람들은 그 초가를 보고 크게 감탄했단다.

"아! 한국 사람들의 집을 좀 봐. 둥그런 지붕이 꼭 뒤에 있는 산의 능선처럼 부드러운 곡선을 이루고 있네!"

우리나라 집들은 인간이 만든 것임에도 마치 자연의 일부처럼 보였던 거야.

서양 건축물들을 보렴. 교회의 뾰족한 탑이 마치 창으로 하늘을 찌르는 것처럼 보이잖아. 인간이 만든 건물과 자연이 만든 풍경이 서로 다투고 있지. 하지만 우리 초가는 겸손해. 땅에 뿌리를 내리고 사는 모든 자연물처럼 지붕이 땅을 향해 아주 부드러운 곡선을 그리면서 내려와 있어. 수줍음 많은 아가씨가 다소곳이 머리를 숙이고 있는 것처럼 말이야.

또 추녀 끝이 닿을락 말락한 곳에는 담이 있어. 담은 돌멩이를 쌓아서 만들기도 하고, 수수깡이나 싸리나무를 엮어서 만들기도 했지. 그리고 탱자나무 같은 작은 나무를 집 가에 둘러 심기도 했고.

이런 담들은 사실 담이라고 할 수도 없어. 우리의 담은 '여기는 내 집이니 들어오지 마시오.' 하고 경계를 하거나 도둑을 막기 위한 것이 아니야. 단지 집 밖과 안을 구분해 주는 상징적인 선일 뿐이지. 우리 옛 사람들은 이 나지막한 담 너머로 이웃과 인사도 하고 이야기도 나누었어. 그 담에는 개구멍도 있어서 개나 고양이가 마음대로 드나들기도 했단다.

방문도 그래. 요즘 집처럼 열쇠로 잠글 수도 없고, 문짝도 문틀에 꼭 맞게 만들어서 단 게 아니야. 자연 그대로 적당히 만들어서 달고, 문틈이 벌어지면 문풍지를 해 달았지. 지금은 창문에 유리를 끼우니까 문풍지가 무엇인지 잘 모르겠구나. 예전에는 방문이나 창문에 창호지라는 한지를 발랐어. 이때 문짝 가에 한 뼘쯤 되게 창호지를 넉넉히 남겨서 붙이는 걸 문풍지라고 해.

이 문풍지는 문과 문 사이의 벌어진 틈을 막아 주었어. 겨울이면 밖은 바람이 불어 추워도 방 안은 문풍지 때문에 바람이 새어 들어오지 않아 따뜻했어. 바람이 불면 이 문풍지가 바람에 떨리면서 붕붕 소리를 낸단다. 우리는 그것을 두고 문풍지가 운다고 했어. 문풍지가 우는 소리를 듣는 것도 겨울의 멋이고 정취였지.

설마 목수들이 문짝 하나 제대로 못 짜서 그랬을까? 그게 아니야. 문짝을 오래 쓰다 보면 이지러지고 틈이 벌어지게 마련이지. 그러니까 차라리 적당하게 짜 맞춰 놓고, 거기에 문풍지를 달아 바람을 막았던 거야.

우리 문화는 문풍지 문화야. 1밀리미터까지도 꼼꼼하게 따져 정확하게 맞추는 것은 서양 문화이지. 언뜻 생각하면 하나하나 따지지 않고 모든 것을 적당히 처리하는 일이 참 비과학적인 것 같지만, 자연도 그렇지 않니. 자연에는 융통성이 있고 적당함이 있어. 그래서 부드럽고 유연하게 흘러 가는 거야.

우리 옛 사람들은 그것을 잘 알았기 때문에 집도 자연과 인간, 남방 문화와 북방 문화, 그리고 합리적인 것과 비합리적인 것을 잘 조화시켜 만들었단다. 자, 이제부터 우리 옛 사람들이 집을 짓던 마음으로 네 마음의 집, 생각의 집을 지어 봐. 그러면 너도 우리나라 집처럼 조화로운 마음과 생각을 가지게 될 거야.

여덟 번째 마당

호흡도 척척, 서로 도우면 신나요!

우리만의 고유한 놀이, 널뛰기

널빤지 위에서는 누구나 평등해.

이 세상에는 3천이나 되는 많은 민족이 살고 있어. 이들은 서로 말도 다르고, 생각과 행동도 다르고, 문화도 달라. 하지만 피 색깔만은 다 같이 붉듯, 깊이 따지고 들어가 보면 거의 비슷하게 생각하고 행동한단다. 제각기 다른 것 같으면서도 공통점들을 가지고 있는 거지. 놀이를 좋아하는 것도 여러 민족이 가지는 공통점 가운데 하나야. 하지만 그 놀이 방법은 민족마다 달라. 물론 세계인이 모두 즐기는 운동 경기 같은 건 빼고 말이야.

그렇다면 한국 사람만이 즐겨 온 놀이는 무엇이 있을까? 여러 가지가 있겠지만, 그 가운데 가장 대표적인 것이 널뛰기야. 긴 널빤지 한가운데를 받침으로 괴어 놓고, 양쪽에 사람이 올라서서 번갈아 공중으로 올라갔다 내려왔다 하는 놀이 말이야. 설날에 고궁이나 민속 마을에 가면 널뛰기하는 걸 볼 수 있어.

널뛰기는 그 원리가 시소와 비슷하지만, 서양의 시소하고는 또 달라. 아주 독특한 놀이지. 일본 오키나와 현의 류큐를 제외하고는 가까운 중국에도 널뛰기 같은 놀이는 없어. 류큐의 널뛰기도 아마 우리나라에서 건너갔을 거라고 해. 그러니까 널뛰기는 우리나라 사람의 머릿속에서 나온, 우리만의 고유한 놀이지.

체육 과학을 연구하는 사람들이 밝혀 낸 바에 따르면, 널뛰기는 과학적으로도 어떤 운동보다 훌륭하다고 해. 널을 뛸 때에는 심장이 1분에 173~174번 정도 뛴대. 그에 비해 배구나 탁구를 할 때에는 133번, 배드민턴을 칠 때에는 147번 정도 뛴다고 해. 널뛰기가 배구나 탁구, 배드민턴보다 훨씬 격렬한 운동이라는 거지. 게다가 널뛰기는 운동량이 많은 데 비해 에너지 소비량은 다른 운동보다 적어서 아주 이상적인 놀이래.

더 중요한 것은 널뛰기는 몸뿐만 아니라 정신을 북돋우는 데도 더할 나위 없이 좋은 놀이라는 점이야. 널뛰기는 누가 더 높이 잘 올라가나 내기하면서도 상대와 호흡을 맞추지 않으면 안 돼.

보통 경쟁하는 놀이들은 서로 이기려고 상대방을 골탕 먹이거나 속이곤 하지. 또 상대보다 잘하려다 보니 자기 생각만 하게 되는 것이 보통이야.

그런데 널뛰기는 그렇지 않아. 한쪽이 널빤지를 탁 구르면 상대방은 그 반동을 이용해 펄쩍 뛰어올라야 해. 이렇게 위로 올라갔던 사람이 내려오며 다시 널빤지를 탁 구르면 이번에는 상대편 사람이 그 힘을 이용해 껑충 뛰어올라가. '구른다'는 것은 공중에서 내려오면서 널빤지를 힘 있게 탕 하고 내려 차는 것을 말해.

처음 널을 뛰는 사람은 제대로 하기가 어려울 거야. 보기에는 단순한 것 같지만 그게 그렇게 쉽지 않거든. 상대와 호흡을 잘 맞추어야 하기 때문이야. 상대방이 내려오기 전에 내가 먼저 올라간다든지, 혹은 상대방이 뛰어오르기 전에 내가 먼저 구른다든지 하면 옆으로 떨어지고 말아. 그러니까 서로 협조해야만 하지. 널뛰기는 이렇게 서로 도와주면서 경쟁해야 하는 아주 묘한 놀이야. 이것이 바로 널뛰기 속에 나타난 한국적 특성이야.

옛날에는 널을 뛸 때 호흡을 잘 맞추기 위해 허리끈에다 방울을 달곤 했어. 상대방 방울 소리를 듣고 그 소리에 맞춰 널을 뛰었지. 기악 합주를 할 때에도 나 혼자 빠르거나 늦어서는 제대로 된 연주를 할 수 없잖아. 이처럼 지휘자의 지휘봉에 맞춰서 악기를 연주하듯, 딸랑딸랑하는 방울 소리에 맞춰 발을 구르고 강약을 구분해서 힘을 주어 구르기도 하고 사뿐히 내려오기도 했단다.

그런데 이 방울은 호흡을 맞추기 위해서 단 것만은 아니야. 널을 잘 뛰어서 사람 허리 높이까지 올라가면 외방울을, 어깨 높이까지 올라가면 쌍방울을 달아 주었어. 그리고 사람 키를 넘을 정도로 높이 뛰면 방울 세 개를 달 수 있었지. 방울로 널뛰기 급수를 나타냈던 거야. 태권도에서 흰 띠, 청 띠, 검은 띠로 급수를 구분하는 것처럼 말이야.

널을 잘 뛰어서 챔피언이 되면 대우도 달라졌어. 널은 대게 음력 1월인 정월에 많이 뛰니까, 금방 논밭에 씨앗을 뿌리는 봄이 오잖아. 그때가 되면 너도나도 챔피언이 된 사람을 다른 사람보다 더 높은 품삯을 주고 데려가려고 했어. 널을 빼어나게 잘 뛰는 사람이 곡식을 심으면 풍년이 든다고 생각했기 때문이지.

이건 결국 뭐겠니? 풀도 나무도 곡식도 모두 하늘을 향해 자라고, 널뛰기도 하늘 높이 뛰어 올라가는 놀이잖아. 그래서 우리 옛 어른들은 널을 잘 뛰는 사람이 심은 곡식은 쑥쑥 잘 자랄 거라고 믿었어. 이렇게 널뛰기에는 곡식이 무럭무럭 자라기를 바라는 마음이 담겨 있단다.

너도 민속촌 같은 데 가서 사람들이 신나게 널을 뛰는 것을 본 적이 있을 거야. 그 모습이 정말 힘차 보이지 않던? 용수철처럼 하늘로 튀어 올랐다가 땅으로 내려오고, 또 '영차' 하고 힘을 주어 구르면 상대가 튀어 오르고. 이렇게 널뛰기를 하는 여자들의 모습이 얼마나 힘 있어 보이는지 몰라. 이런 모습을 보면서 널뛰기가 풍요를 불러온다는 생각도 생겨나게 된 거지.

집 안에만 갇혀 지내던 옛날 여자들은 설이나 단오 같은 명절 때 한 번씩 널뛰기를 하면서 답답한 가슴도 풀고, 몸도 풀었어. 널뛰기를 할 때 높이 올라갔다가 다시 밑으로 내려오면 조금 어지러워. 온몸이 오싹오싹하기도 하고 말이야. 사람들은 널뛰기를 하면서 이 어지럽고 오싹오싹한 기분을 즐겼어. 너희들이 놀이 공원에서 놀이 기구를 탈 때 소리를 지르고 좋아하듯이 말이야. 너희들이 기계로 맛보는 짜릿함을, 우리 옛 사람들은 널뛰기를 통해서 느꼈던 거지.

널뛰기는 몸무게가 무거운 사람이든 가벼운 사람이든 모두 함께 즐길 수 있는 놀이야. 몸무게가 가벼운 사람과 무거운 사람이 같이 널을 뛸 때에는 밥으로 균형을 잡아 줘. 무거운 사람한테는 밥을 조금 짧게 주고, 가벼운 사람한테는 밥을 길게 주지. 시소를 탈 때 무거운 사람은 조금 안으로, 가벼운 사람은 조금 뒤로 앉아 균형을 잡는 것처럼 말이야.

밥을 준다는 것은 널빤지를 조금 길게 주거나 짧게 주는 것을 말해. 널빤지 한가운데를 짚단이나 멍석같이 약간 탄력 있는 걸로 고여서, 그것을 중심으로 길이를 조절하는 거지. 이렇게 널빤지 길이를 조정하면 큰 사람도 작은 사람도 함께 널을 뛸 수가 있어. 힘센 사람이건 힘이 약한 사람이건 문제가 되지 않아. 누구든 널빤지 위에서는 평등하게 뛸 수가 있지.

네가 자라서 사회에 나갔을 때에도 널을 뛰듯 경쟁자들과 호흡을 맞추고 균형을 이루면서 경쟁하면 하늘 높이 솟아오를 수가 있어. 널뛰기를 할 때처럼, 경쟁을 하면서도 함께 더불어 살아간다는 걸 잊지 말아야 해. 그런 마음이 한 집안, 한 회사, 나아가서는 우리 사회 전체를 잘 이끌어 나갈 수 있는 힘이 되는 거야. 네가 비록 널뛰기는 하지 않더라도 널을 뛰는 그 마음만은 잊지 말았으면 좋겠구나.

아홉 번째 마당

손에 손 잡고 벽을 넘어서

피부 색깔이 그리 중요해?

어떤 이유에서도 인간이 인간을 차별할 권리는 없어.

이 지구에는 대략 60억 명이 넘는 사람들이 살고 있단다. 그렇지만 피부 색깔로 보면 하얀 얼굴을 한 백인종과 까만 얼굴의 흑인종, 그리고 황색 얼굴을 한 황인종으로 나눌 수 있어. 이 가운데 우리는 황색 인종이지.

백인종은 자기들이 이 세상에서 제일 잘났다고 여기고, 흑인종은 흑인종대로, 또 황인종은 황인종대로 자기들이 최고라고 생각해. 자기가 속한 인종은 다른 인종과 다르다고 생각하지.

사람들은 이렇게 피부 색깔이 서로 다른 것을 가지고 재미있는 이야기나 우스갯소리도 많이 만들었어. 그 가운데 하나가 어떻게 해서 인간의 피부색이 달라졌는지에 대한 이야기야.

하느님이 제일 처음 인간을 만들 때 흙으로 빚어 구워서 만들었대. 흙으로 도자기 같은 그릇을 빚어서 가마에 넣고 불을 지펴 구워 내는 것처럼 말이야.

그런데 맨 처음 구워 냈을 때에는 너무 오래 구워서 새까맣게 돼 버렸어. 그 인간이 바로 흑인이야. 그래서 '이번에는 태우지 말아야지.' 하고는 불에 넣자마자 얼른 꺼냈어. 그랬더니 설 구워진 하얀 인간이 나온 거야. 그게 백인이지. 하느님은 셋째 번에는 태우지도 말고 덜 굽지도 말고 아주 적당히 구워야겠다고 마음먹고 무척 신경을 썼단다. 그랬더니 정말 노르스름하니 잘 구워진 인간이 나왔어. 그것이 바로 황인이었대. 누가 지어낸 이야기인지 정말 재밌다고?

물론 이건 황인종이 자신들을 미화해서 만든 이야기야. 이 이야기를 들으면 하느님이 제일 이상적으로 만든 최후의 걸작품이 황인종이라고 생각하기 쉽지.

그러나 서양 사람들 생각은 그게 아니었어. 너희들도 잘 아는 유명한 화가 미켈란젤로가 시스티나 성당 천장에 그린 〈천지 창조〉라는 그림에 하느님이 아담에게 영혼을 주는 장면이 있어. 하느님과 아담이 손가락을 맞대고 있는 그림 말이야.

그 그림을 살펴보면 하느님도 아담도 다 백인으로 그려져 있어. 흑인이나 황인이 아니야. 백인이었던 미켈란젤로가 그렸기 때문에 하느님과 아담의 모습이 백인이 된 거지.

그래서 어떤 사람은 이렇게 말해. 말들의 세계에 하느님이 있다면 말처럼 생겼을 테고, 돼지들에게 하느님이 있다면 돼지처럼 생겼을 거라고. 사람들이 하느님 모습을 생각할 때에는 사람을 닮았다고 상상하지. 백인종은 하느님을 하얗게 생각하고, 흑인종은 까만 모습의 하느님을, 또 황인종은 누런 모습의 하느님을 생각하는 거야.

우리나라 사람들도 마찬가지였어. 우리 조상들이 옥황상제를 그린 그림을 보면 얼굴이 밋밋하고 피부색도 황색인 우리와 같은 모습이야.

이렇게 자기중심적으로 멋대로 상상해서 자기들이 다른 인종보다 잘났다고 생각하니까 인종 차별 같은 나쁜 행동을 하게 되는 거야.

유럽 사람들은 콜럼버스가 신대륙을 발견했다고 하지만, 따지고 보면 아메리카는 신대륙이 아니잖아. 원래부터 그곳에 살던 인디언들 입장에서는 신대륙이 될 수 없지. 그냥 인디언들이 살고 있는 땅에 유럽 사람들이 침입해 들어온 것뿐이야. 우리가 한국에 살고 있는데 다른 나라 사람이 와서 새로운 땅을 발견했다고 하면 우리들 기분이 좋겠어?

처음에 백인들이 미국 땅에 왔을 때 아메리카 인디언들은 이 낯선 사람들에게 아주 대접을 잘해 주었어. 농사짓는 법도 가르쳐 주고 좋은 마음으로 관심을 보였지. 백인들이 옥수수를 처음 맛본 것도 인디언 덕분이야. 그런데 남의 땅에 온 백인들이 오히려 인디언들 땅을 차지하고 목숨까지 빼앗았어. 너희들도 영화에서 많이 보았을 거야.

끔찍한 이야기지만, 백인들은 심지어 인디언들의 가죽을 벗겨 오면 상을 준다며 포상금까지 걸었다고 해. 그래서 어떤 백인들은 인디언들이 없으면 생김새가 비슷한 남아메리카 사람들을 잡아다 아메리카 인디언이라며 팔기도 했대. 오죽했으면 바티칸 교황청에서 인디언들을 죽이지 못하도록 "아메리카 인디언들도 우리와 같은 사람이다."라고 선포까지 했겠니.

흑인들은 말할 것도 없어. 유럽 사람들이 아프리카에서 흑인들을 잡아다 노예 시장에 내다 팔고 마치 짐승 다루듯 했잖아. 같은 인간인데도 자기들과 피부색이 다르다고 이렇게 차별하고 함부로 다루었던 거야.

어떤 이유에서도 인간이 인간을 차별할 권리는 없어. 중요한 건 피부색이 어떻든 각자 자존심과 긍지를 가지면서 다른 인종도 존중하는 태도를 가지는 거야.

아시아 사람으로 우뚝 서라

이 지구의 크고 넓은 들을 여행하는 여행자답게
모든 것을 끌어안고 함께 아름다운 지구를 가꾸어야 해.

우리보다 문명이 발달한 서구 선진국 국민들이 대부분 백인이라서, 너는 어쩌면 스스로를 낮추어 '황인종은 별수 없어.'라고 생각할지 몰라. 우리 또한 흑인종을 무시하는 태도를 보이기도 해. 흑인종을 '깜둥이'라고 부르는 것도 무시하는 마음에서 나온 말이지. 우리는 미국처럼 여러 인종이 모여서 사는 게 아니라 오랫동안 단일 민족으로 살았어. 그러다 보니 다른 민족을 차별하기도 했어.

인류학자들이 조사한 바에 따르면, 인류의 조상은 흑인종이었대. 화석을 발굴해 분석한 결과 최초의 인간 화석은 아프리카 여성이라는구나. 바로 우리들이 그 몸에서 태어난 자손들이고, 아프리카가 인류 최초의 고향이라는 거야.

아프리카에서 태어난 사람들 가운데 나무 열매도 많고 동식물도 풍성한 곳에 터전을 잡고 살아온 사람들이 오늘날 흑인종들이야. 아프리카 사람들은 니그로이드라고 해. 지금 흑인들을 니그로라고 부르는 것도 바로 그 말에서 왔지. 한편 그곳에 만족하지 않거나 약해서 밀려난 사람들이 자꾸 북쪽으로 북쪽으로 나가서 지금의 코카서스 산맥, 즉 유럽까지 간 거야. 그들이 코카서스 인종이라고 하는 백인종들이야.

그런데 또 거기에서 다시 북쪽으로 넘어간 사람들이 있어. 새로운 땅을 찾아 용감하게 나아간 사람들 말이야.

원숭이는 북위 42도 이상의 지역에서는 추워서 살 수가 없대. 인간만이 환경에 굴하지 않지. 추위를 견디며 북위 40도를 넘어서 더 북쪽으로 이동해 간 사람들이 바로 황인종, 즉 몽골로이드야.

엉덩이에 몽고점이라는 파란 얼룩을 지니고 태어나는 황인종들이 코카서스 산맥을 넘어 중앙아시아로, 시베리아로, 또 중국으로 퍼졌지. 그들 가운데 또 한 부류는 알류샨 열도를 지나서 지금의 미국 쪽으로, 거기서 더 남쪽으로 내려가서 남아메리카 끝까지 갔단다.

한국은 물론이고 남태평양까지 말이야. 생각해 봐. 그 사람들은 세계를 한 바퀴 돈 셈이지. 아시아에서 저 남아메리카까지 모두 황인종이 살고 있어. 아메리칸 인디언들도 우리처럼 얼굴이 넓적하고 피부색도 누렇잖아.

그러고 보면 황인종이 인류 발상지로부터 가장 멀리, 가장 넓게 퍼진 종족이야. 이 말은 황인종이 백인종이나 흑인종보다 더 우수하다는 게 아니고, 우리 조상들이 멀고 먼 힘든 여행을 했다는 말이야.

그렇게 코카서스 산맥을 넘고 중앙아시아를 거쳐 눈보라 몰아치는 시베리아 벌판의 혹독한 추위를 견디면서 한반도에 온 사람들, 말을 타고 온 기마족이 바로 우리 조상이야. 수많은 역경을 헤치고 끈질기게 개척하면서 지금 우리가 살고 있는 한반도까지 뻗어 온 조상들을 생각하면 가슴이 뿌듯해지지.

왜 이런 이야기를 하는지 알겠니? 우리가 백인종이나 흑인종보다 낫다고 생각하는 인종 우월론자가 되라는 것이 아니라, 백인종에 대한 괜한 열등감을 가질 필요가 없다는 말이야. '우리는 백인들보다 못해. 서양은 문명이 발달하고 문화도 앞서 있는데 우리는 왜 이렇게 뒤져 있을까.' 하는 생각에서 벗어나라는 거지.

우리는 자신감이 있잖아? 황인종은 얼마든지 백인종을 앞서갈 수 있어. 지금도 예술이나 과학 등 여러 분야에서 세계에 이름을 떨친 황인종들이 많이 있잖아. 이 몽골로이드가 지금 새롭고 강인하게 문명을 이끌어 나가고 있어. 아시아의 시대가 온다고들 하잖아. 이것은 결코 헛된 말이 아니야. 아시아 사람들은 오랫동안 잠을 잤던 거란다.

아시아 사람들은 '인간이 너무 물질이나 기계 문명에 빠져 자연을 황폐하게 만들면 오히려 자신들이 해를 입는다.'는 철학 때문에 근대화를 서두르지 않은 것뿐이야. 그러나 이제 우리가 원하든 원하지 않든 근대화가 되었고, 새로운 기술 문명이 발달하여 그 기술이나 과학 문명에 의해 인간이 위협받는 시대가 되었어. 그걸 이겨 내는 새로운 길을 황인종이 안내할 수 있을 거야.

코카서스 산맥을 넘어 그 멀고 험난한 길을 걸어온 황인종이 아니니. 새로운 21세기의 환경 속에서 황인종이 다시 한 번 인류의 대행진을 시작하는 거야. 이제는 저 남아메리카의 끝에서 거꾸로 돌아, 다시 유럽에서 아프리카까지 가는 마음의 대행진, 생각의 대행진을 하자꾸나. 그래서 미래에는 아시아 사람으로서 너희들이 세계 문명의 지도자가 되는 거야.

그때는 흑인종이 낫다, 백인종이 낫다 하고 인종 차별을 할 게 아니라, 이 지구의 크고 넓은 들을 여행하는 여행자답게 모든 것을 끌어안고 함께 아름다운 지구를 가꾸어야 해. 한때는 백인종에게 열등한 사람들이라고 업신여김도 당하고, 낮잠 자는 거인이라는 말도 듣고, 또는 숨어 있는 사람이라는 말도 들었던 몽골로이드가, 이제는 기지개를 켜면서 일어서는 거야. 푸른 대지 위에 우뚝 선 거인처럼 말이야.

뒷마당

세계라는
무대 위에서
장구를 울려라

이 세상에는 많은 종류의 북이 있어. 인류가 이 지구에 살기 시작한 구석기 시대부터 오늘날에 이르기까지 북을 가지지 않은 민족은 없지. 심장이 뛰는 소리처럼 북소리는 숲과 들판과 도시 속에서 울려왔어. 그런데 이 세상에는 그런 북과 생김새가 다르고, 소리도 다른 북이 하나 있단다.

바로 장구야. 허리가 가늘고 좌우에 둥근 통이 달린 장구는 고려 때부터 있었는데, 보기에는 왼쪽과 오른쪽이 똑같아 보이지만 사실은 서로 다르게 생겼어. 장구 왼쪽은 두꺼운 소가죽으로 만들고, 오른쪽은 얇은 말가죽으로 만들어. 또 그 크기는 왼쪽보다 오른쪽이 약간 작아. 그래서 좌우 소리도 다르지. 왼쪽은 은은하고, 오른쪽은 팽팽하게 울려. 옛날 사람들 말을 빌리면 왼쪽은 음이고, 오른쪽은 양이야.

양은 해의 소리, 음은 달의 소리라고 생각하면 돼. 장구 소리는 서로 다른 해와 달이 손을 잡고 하나로 어우러진 소리야.

어디 해와 달뿐이겠니. 낮과 밤, 하늘과 땅, 남자와 여자, 그리고 불과 물……. 이 세상에는 서로 성질이 반대되는 것들이 참으로 많아. 그런데 그런 것들이 서로 다투지 않고 한데 어우러져 장구 소리처럼 아름다운 조화를 이룬다면 얼마나 좋겠니. 이제는 지구가 하나 되는 새로운 시대가 온다고 해. 그러나 그것은 그냥 이루어지지 않아. 동양과 서양 그리고 세계 모든 나라는 서로 너무나 다른 문화를 가지고 있어.

이렇게 다른 것끼리 화합하려면 어떻게 해야 할까? 우리의 장구가 그 해답이 될 수 있어. 서로 다른 왼쪽과 오른쪽의 소리가 합쳐져 하나의 소리를 이루는 장구 말이야. 앞에서 이야기했던 우리 것들을 다시 생각해 봐. 밥과 함께 먹어야 비로소 제맛이 나는 김치, 온돌과 대청마루가 함께 있어 겨울과 여름을 하나로 어울리게 한 우리의 전통 집, 몸과 옷이 합쳐져야 비로소 제 모양을 나타내는 한복, 그런 것들을 모두 소리로 바꾼다면 틀림없이 장구 소리가 될 거야.

장구는 양쪽 가죽도 다르고, 크기도 다르고, 좌우를 때리는 채도 서로 달라. 그런데도 장구통은 하나야. 제각기 다른 문화를 가지고 살아가는 민족과 나라가 하나의 지구촌을 만들어 평화롭게 살아가려면 반드시 장구 소리처럼 되어야 하지 않을까.

남북이 통일되고 동양과 서양이 하나가 되는 21세기의 마당놀이가 시작될 때, 네가 채를 들고 소리가 다른 장구의 양쪽을 두드렸으면 해. 그래서 신나고 멋진 장구 소리를 널리 퍼트려 봐. 네가 앞에서 들은 우리 문화 이야기들은 바로 그 장구를 치는 법을 익히기 위해서였다는 걸 이제 알겠지?

사진을 제공해 주신 곳
▶▶▶
연합뉴스

책 속의 책

한국인의
맛과 멋을 담은 음식,
김치

　우리나라 대표 음식 하면 무엇이 생각나니? 아마 밥과 김치가 떠오를 거야. 신기하게도 둘은 단짝 같아서 따로따로 떠올리기가 힘들어. 김치없이 밥을 먹으면 무언가 허전하고 개운하지 않잖니? 김치는 주식인 밥만큼이나 없어서는 안 될 우리의 중요한 음식이란 이야기지.

　김치는 오랜 시간 우리 민족의 밥상을 지켜 왔어. 그만큼 우리 조상의 지혜와 마음이 많이 담긴 음식이라고도 할 수 있지. 왜, 우리 민족을 은근과 끈기의 민족이라고도 하잖니. 김치는 담가서 바로 먹을 수도 있지만, 대부분은 일정 기간 김칫독에 담아 두었다가 나중에 꺼내 먹어. 김칫독 안에 들어앉은 김치는 갖가지 재료가 서로 어우러지면서 서서히 발효되지. 맛있는 김치가 탄생하기 위해서는 제법 오랫동안 참고 기다려야 해. 여기에서도 우리 조상들이 지녔던 기다림의 지혜를 엿볼 수 있지.

김치는 20세기 위대한 발견 가운데 하나.

_영국 신문 《옵저버 Observer》

숙성을 거치면서 김치는 독특한 맛과 향을 만들어 내. 게다가 그 빛깔은 얼마나 아름다운지! 잘 숙성된 김치를 보면 저절로 군침이 돌아. 옛날 고춧가루가 없던 시절에는 자주색 갓이나 맨드라미, 잇꽃을 우려내어 맑고 고운 붉은색을 내기도 했다는구나. 그 빛깔을 보면 우리 민족이 먹는 것 하나에도 얼마나 아름다움을 중요하게 여겼는지 알 수 있지.

김치는 맛과 멋뿐 아니라 우리 몸에 좋은 영양소로 가득해. 주재료로 쓰는 배추, 무, 마늘 같은 채소는 대장암과 위암 같은 병을 막아 준단다. 또 발효 과정에서 생겨난 유산균도 우리 몸을 건강하게 지켜 주지. 김치야말로 세계 어느 나라에서도 찾아볼 수 없는 슬기로운 식품이고 과학적인 음식이라고 할 수 있어.

오늘날 김치는 다양한 변화를 꾀하고 있어. '김치 햄버거', '김치 커틀릿' 같은 퓨전 음식을 선보이기도 하면서 세계로 진출하고 있지. 언젠가는 일본의 스시나 이탈리아의 스파게티처럼 한국 음식의 대명사로서 세계인의 밥상 위에 당당하게 오를 거야.

몸과 정신의 힘이 어우러진 운동,
태권도

우리나라를 대표하는 무예 하면 가장 먼저 태권도가 떠올라. 사실 태권도는 이미 세계인의 무예로 자리 잡았지. 아마 너도 외국인들이 "태권!" 하는 우리말 구령에 맞춰 품새를 취하는 모습을 본 일이 있을 거야. 태권도는 이미 2000년 시드니 올림픽부터 정식 종목으로 채택되었을 만큼 전 세계인이 사랑하는 스포츠야. 외국 사람들에게 왜 태권도가 인기 있는 걸까?

그건 태권도가 사람이 몸으로 할 수 있는 가장 힘 있고 빠르고 아름다운 모습을 보여주기 때문일 거야. 서양에서는 싸울 때면 늘 총이나 무기를 사용하다 보니 몸을 직접 움직이는 데는 아주 서툴러. 그런데 힘찬 기합과 함께 빠르게 몸을 움직여 상대방을 쓰러뜨리는 태권도를 보았으니 얼마나 신기했겠니. 태권도는 특히 앞차기, 옆차기, 비틀어차기, 반달차기, 돌려차기, 나래차기 같은 발기술이 빠르고 화려하지.

태권도는 2천여 년 전부터 전해 내려온 전통 무예야. 수박, 택견 같은 무

태권도는
한국에서 생겨났지만
이제 태권도는
전 세계인의 무도이다.

_국내 최초 외국인 태권도학과 교수 우도 뫼니히

예와 같은 뿌리를 두고 있지. 전쟁을 치러야 하는 군인들은 물론이고 일반 백성도 이런 무예를 익히면서 몸과 마음을 단련했어. 이토록 오랫동안 우리 고유의 무술로 자리했으니 조상들의 정신이 깊이 스며 있을 수밖에. 우리 조상들은 다른 나라를 침략한 적이 거의 없어. 나라와 나라뿐 아니라 사람과 사람 사이의 관계에서도 마찬가지였어. 이처럼 평화를 사랑하는 마음은 태권도 안에도 고스란히 살아 있단다.

그래서 그런지 올림픽 정식 종목으로 자리를 굳힌 요즘에도 우리는 태권도를 스포츠보다는 무예로 받아들이곤 해. 그건 네가 다니는 동네 태권도장에서도 확인할 수 있어. 태권도장에서는 기술을 가르치기 전에 먼저 예절을 가르쳐. 그리고 관장님은 태권도가 상대방과 싸워서 이기는 기술이 아니라 스스로 몸과 마음을 다스리는 무예라고 입버릇처럼 이야기할걸.

이처럼 태권도는 화려한 기술만 가진 게 아니라 강한 정신을 바탕에 두고 있어. 육체적 건강과 정신적 건강을 모두 추구하는 거지. 자, 이제 네가 태권도에 관심 있는 외국 사람을 만난다면 태권도를 뭐라고 설명해 줄래? 그 힘찬 동작들과 조화를 이루는 정신적인 힘에 관해서도 설명해 줄 수 있겠지?

세계인의 입맛을 사로잡은 웰빙 푸드, 비빔밥

 반찬거리가 마땅찮거나 빨리 끼니를 해결해야 할 때, 너희 집에서는 어떻게 하니? 이럴 때 우리 집에서는 비빔밥을 만들어 먹고는 해. 커다란 양푼 안에 밥을 넣고, 냉장고에 있는 각종 나물과 반찬들을 꺼내 넣은 다음, 계란을 얹고 고추장과 참기름을 넣어 쓱쓱 비벼 먹는 맛은 참 일품이지.

 비빔밥은 우리 한국 사람들이 즐겨 먹던 음식 가운데 하나야. 지위가 높고 낮고, 재물이 많고 적고를 떠나서 누구나 즐겨 먹었지. 모내기하는 농부의 새참, 임금의 수랏상 할 것 없었어. 물론 거기에 들어가는 재료는 조금씩 다르긴 했지. 하지만 어떤 재료가 들어간 비빔밥이 더 맛있는지 비교하는 건 불가능했어. 심지어 똑같은 재료를 넣고도 어떻게 비비느냐에 따라 늘 다른 맛을 내니까 말이야.

> 따뜻한 밥그릇: 비빔밥
> 채소가 많이 들어가고 고기는 별로 없어
> 건강에 좋은 데다 월드컵 경기 때
> 한국 전주를 방문했던 선수와 관람객들을 통해
> 비빔밥이 많이 알려졌다.
> 비빔밥은 이름조차 매력적이고 멋져서
> 이를 발음하는 것도 재미있다.
>
> _ 미국 신문 《LA타임스》

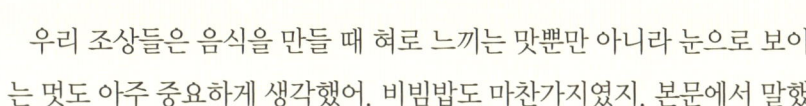

　우리 조상들은 음식을 만들 때 혀로 느끼는 맛뿐만 아니라 눈으로 보이는 멋도 아주 중요하게 생각했어. 비빔밥도 마찬가지였지. 본문에서 말했듯이 비빔밥은 오방색을 갖춘 대표적인 음식이야. 어디 눈으로 보는 멋뿐이겠니. 재료 하나하나가 지닌 영양소 또한 얼마나 풍부한지 몰라. 밥에는 탄수화물, 달걀에는 단백질, 각종 채소에는 비타민, 무기질, 섬유소 등 우리 몸에 꼭 필요한 영양소들이 골고루 들어가 있어. 게다가 콜레스테롤이 적어 현대인의 건강식으로 안성맞춤이지.

　오늘날 비빔밥은 세계인들에게 맛과 멋과 영양을 두루 갖춘 식품으로 널리 이름을 알리고 있어. 비빔밥을 한 번 맛본 외국인들이 그 맛을 잊지 못해서 다시 우리나라를 찾는다는 얘기까지 있을 정도야. 특히 비빔밥 대표 브랜드인 '전주비빔밥'은 가까운 중국과 일본뿐 아니라 멀리 미국, 유럽, 중동까지 소문이 자자하지.

　비빔밥은 그 특성상 갖가지 재료를 넣고 빼는 게 아주 자유로워. 따라서 각 나라 사람들 입맛에 맞는 비빔밥을 새로 개발하는 게 손쉽지. 이 또한 비빔밥이 지닌 커다란 장점 가운데 하나야. 앞으로 비빔밥이 세계 각국에서 어떤 모습으로 세계인들의 눈과 입을 사로잡을지 기대되지 않니?

넉넉한 자연을 닮은 옷, 한복

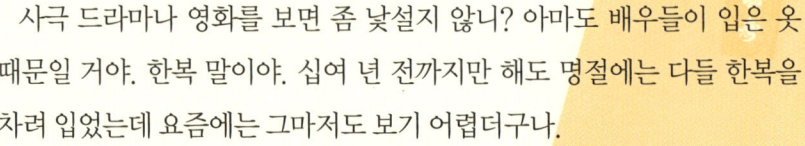

사극 드라마나 영화를 보면 좀 낯설지 않니? 아마도 배우들이 입은 옷 때문일 거야. 한복 말이야. 십여 년 전까지만 해도 명절에는 다들 한복을 차려 입었는데 요즘에는 그마저도 보기 어렵더구나.

요즘 사람들은 왜 한복을 입지 않을까? 아마도 한복이 입기 불편하고 거추장스럽기 때문이라고 대답하겠지. 하지만 정말 그럴까? 그렇다면 옛날 사람들은 한복을 입고 힘든 농사일을 어떻게 해냈을까?

사실 알고 보면 한복처럼 편하고 자유로운 옷이 없단다. 한복에는 여느 옷이 지니지 못한 넉넉함이 있어. 바지만 보더라도 품과 길이에 여유가 있어서 갑자기 키가 자라도 살이 쪄도 옷을 다시 지어야 할 필요가 없지. 게다가 한복 치마는 '입는다' 기보다는 '두르는' 것이기 때문에 몸에 두른 뒤 내 몸에 맞게 끈을 매면 돼. 이렇게 한복에는 우리 민족의 융통성이 고스란히 담겨 있단다.

게다가 곱고 아름다운 선과 빛깔은 또 어떻고. 직선과 곡선이 조화를 이루어 우아하고도 기품이 넘치지. 또 화려하고 다채로운 색깔들이 서로 어울려서 우리 몸의 고운 자태를 한껏 드러내 준단다.

가볍게 땅에 스치는 치마,
일직선으로 가슴을 가르는 저고리에 약간 눌린 듯한 가슴,
반달 모양의 선이 고운 소맷자락,
풍만한 몸의 곡선을 휘돌아
하늘을 가르는 바람의 옷.
_ 프랑스 패션 잡지 《마담 피가로》

이런 멋진 미덕을 지닌 한복이 왜 사라졌을까? 근대에 들어서면서 서양 문물을 최고로 여겼던 풍조 때문에 한복이 서양 옷으로 모두 바뀌었거든. 또 한복이 변화된 환경에 맞게 거듭나지 못하고 늘 똑같은 모양만 고집했기 때문이기도 해.

최근에 한복은 오랜 잠에서 깨어나 한껏 기지개를 켜고 있어. 한복이 지닌 장점을 살리면서도 현대인의 취향을 살린 개량 한복이 속속 선보이고 있지. 또 한복의 아름다움을 세계에 알리려는 노력도 이어지고 있단다. 화려하면서도 고고한 기품이 넘치는 한복은 세계 유명 패션쇼에 소개되어 극찬을 받기도 했어.

한복은 머지않아 다시 우리 생활 한가운데로 들어올 거야. 요즘 웰빙이 유행이잖아. 답답한 도시 생활에 찌든 사람들은 자연의 소리와 냄새와 빛깔을 그리워할 수밖에 없어. 그런 사람들은 점차 자연을 닮은 한복을 찾게 될 거야. 황토, 쪽풀 등 천연 염료로 물들인 개량 한복이 점점 인기를 끌고 있는 것만 봐도 알 수 있지.

이렇듯 한복은 불편하지도 낯설지도 않은, 우리 민족의 지혜가 담긴 아름다운 유산이야. 한복이 지닌 장점을 한껏 살려서 세계에 알리는 일을 네 몫으로 받아들여 보는 건 어떨까?

검소하지만 누추하지 않고, 화려하지만 사치스럽지 않은,
한지

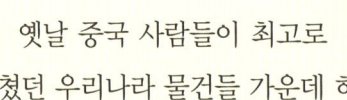

옛날 중국 사람들이 최고로 쳤던 우리나라 물건들 가운데 하나가 뭔 줄 아니? 바로 한지야. 중국은 최초로 종이를 만들어 낸 나라인데 어째서 한지를 찾았느냐고? 한지는 감촉이 부드럽고, 탄성이 좋고, 오래 두어도 색깔이 바뀌거나 변질되지 않았거든. 한지가 얼마나 뛰어난 품질을 지녔는지 보여 주는 좋은 사례가 있어.

신라 시대 인쇄물 종이가 오늘날까지 남아 있다는 사실, 너희 아니? 종이는 보통 만든 지 백 년 정도 지나면 누렇게 변하고 썩게 마련이야. 그런데 어떻게 이 종이는 1300년도 넘는 시간 동안 썩지 않을 수 있었을까?

그 답은 과학적인 제작 과정에 있어. 한지는 닥나무를 삶고 으깨어서 만드는데, 마지막에 뿌리에서 **뽑아 낸 끈적끈적한 액체**를 넣어. 그 액체 때문에 산성을 띠는 서양 종이와는 달리 중성을 띠지. 이 때문에 한지는 질기고 오래 가도 변질되지 않았어.

우리 조상들은 책을 만들 때 꼭 한지를 만들어 썼어. 한지 안에는 거기에 써 넣은 문자를 오랫동안 세상에 남기고자 했던 조상들의 염원도 담겨 있는 거지. 한지가 꼭 책에만 쓰인 것은 아니야. 창이나 문에 붙이는 창호지로 쓰기도 했어. 한지는 반투명하기 때문에 햇빛을 아주 가리지도, 너무

한국의 전통 종이가
프랑스를 마술로 빠져들게 한다.
_ 프랑스 신문 《피가로스코프》

많이 통과시키지도 않아. 그러니 창호지를 바른 방은 은은하고도 아늑한 분위기가 제격이지. 또 한지는 습기를 빨아들이고 공기를 순환해 주는 역할도 했어. 그 안에서 살아가는 사람의 건강까지 돌보는 놀라운 힘이 한지에 담겨 있었던 셈이지.

오늘날에는 이처럼 빼어난 한지를 찾아보기가 참 힘들어졌어. 서양 종이에 밀려 자취를 감추었지. 또 한지를 만드는 장인들도 사라져서 이대로 가다가는 자칫 그 명맥이 끊기는 게 아닌지 걱정이야. 하지만 아주 낙담할 지경은 아니야. 최근 한지의 우수성이 하나 둘 밝혀지면서 한지를 되살리려는 노력이 이어지고 있으니까 말이야.

얼마 전에 한지로 옷이나 등, 벽지를 만들어서 외국 사람들에게 선보이는 자리가 있었다고 해. 외국인들은 장인의 지극한 정성, 아름다운 멋, 자연주의가 담겨 있는 한지에 큰 관심을 보였단다. 또 안동, 전주 같은 도시들에서 한지를 실용적으로 개발하는 일에 팔을 걷어붙였다고 해. 한지의 새로운 쓸모를 찾는 노력이 이어지고 있는 거지.

하지만 아직도 한지의 멋과 우수성을 잘 모르는 사람들이 많아. 그만큼 새로이 개척해 나갈 가능성이 무궁무진하다는 뜻이야.

온몸으로 듣는 우주의 소리, 사물놀이

깨갱깽깽 날카로운 꽹과리 소리, 지잉지잉 울림이 있는 징 소리, 두둥둥 넓게 퍼지는 북소리, 투명하고도 맑은 장구 소리……. 이 소리들이 하나로 어우러지면서 흥겨운 소리 마당이 시작돼. 너도 아마 한 번쯤 사물놀이를 본 적이 있을 거야.

사물놀이의 기원을 찾으려면 멀리 선사 시대로 거슬러 올라가야 해. 선사 시대 사람들은 춤과 노래로 하늘에 제사를 지냈지. 그러다가 본격적으로 농사를 지으면서 풍요를 기원하는 풍물놀이로 자리를 잡게 되었어. 사람들은 한 해 농사를 시작할 때와 마무리할 때면 너나 할 것 없이 한데 모였어. 그러고는 풍물을 울리고 춤을 추며 집과 마을과 들녘을 돌았지. 이렇게 풍물놀이를 할 때 쓰인 대표적인 악기가 바로 꽹과리, 징, 북, 장구야. 오늘날 풍물놀이는 거의 자취를 감추었지만 네 가지 악기를 이용한 사물놀이는 꿋꿋이 살아남았단다.

한때 사물놀이는 미신을 부추긴다는 이유로 사라질 뻔했어. 사물놀이를 다루는 장인들도 온갖 천대를 받았지. 하지만 몇몇 장인들의 눈물겨운 노력으로 명맥을 이어 갔단다. 그리고 그 노력이 헛되지 않아, 사물놀이가 지닌 가치를 외국에서 먼저 인정받게 되었어.

사물놀이패는
한국 문화유산을 발전시키는 것과 더불어
이를 세계 곳곳에 나누어 줄 의무가 있다.
_ 미국 신문 《LA타임스》

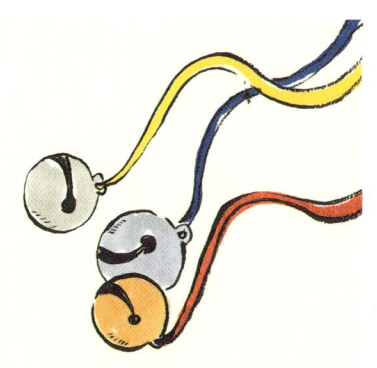

사물놀이패는 이탈리아, 홍콩, 일본, 그리스, 미국 등 수많은 나라를 돌며 공연을 펼쳤단다. 동양의 작은 나라에서 건너온 네 가지 악기는 그리 크지도, 화려하지도 않았지. 하지만 거기서 뿜어져 나오는 소리와 음악은 모두를 흥분의 도가니로 몰아넣었어. 사물놀이는 공연을 하는 사람과 공연을 듣는 사람 모두를 신명스러운 분위기로 휘몰아 갔어. 그야말로 바람같이 나타나서 천둥을 내리치고 비를 뿌렸지. 세계 어디에도 이토록 사람을 송두리째 뒤흔들어 놓는 공연은 없었어. 외국 사람들은 '사물놀이를 하는 사람, 신명을 이끌어 내는 사람'이라는 뜻의 신조어 '사물놀이언'을 만들 정도로 찬사를 보냈단다. 오랜 어둠 끝에 비로소 화려하게 재조명 된 셈이지.

하기는 수천 년 동안 우리 조상들의 기원과 바람을 이어 온 전통 문화가 쉽사리 사라질 리 없지. 이제 사물놀이는 점점 더 다양한 모습으로 거듭나고 있어. 최근 세계적으로 인기를 끈 〈난타〉도 사물놀이와 연극을 멋지게 결합한 사례야. 이처럼 우리 것을 현대에 걸맞게 바꾸어 내는 것도 정말 의미 있는 일이지.

나의 꿈, 나의 생각에 날개를 달아 주는
이어령의 춤추는 생각 학교 시리즈를 소개합니다.

**대한민국 국보급 지성
이어령이 쓴
어린이를 위한
창의력 교과서**

이 시리즈는 지난 50여 년 간 '이 시대 최고의 지성인'이라 불리며 150여 권의 저서를 남긴 이어령 선생님이 쓴 유일한 어린이 책입니다. 이어령 선생님은 빠르게 변하는 정보화 사회에서 어린이들에게 가장 필요한 것은 '가슴으로 생각하고, 머리로 느끼는 유연하고 창조적인 사고'라고 이야기합니다. 이 책에서는 창의적인 생각을 키우는 이어령 선생님만의 특별한 생각 연습법들을 어린이 눈높이에 맞춰 풀었습니다.

**개념 정리에서
응용 방법까지……
생각의 모든 것을 담았다!**

이 시리즈는 우리 어린이들이 일상생활에서 쉽게 생각의 힘을 키워 나갈 수 있도록 그 방법들을 체계적으로 구성하였습니다. 일곱 가지 생각 도구들을 이야기하는 1권 《생각 깨우기》와 여덟 가지 생각 원칙을 이야기한 2권 《생각을 달리자》를 비롯해, 우리말로 생각하기, 한국인으로 생각하기, 발명·발견으로 생각하기, 환경 보고 생각하기 등 전 10권으로 되어 있습니다. 학교와 집에서 보고 배우는 모든 것들에서 생각을 발견하고, 키우고, 응용하고, 새로운 생각으로 발전시킬 수 있는 방법들을 담았습니다.

**생각 학교에서 놀다 보면
창의적인 생각이 자란다!
생각이 즐거워진다!**

이 시리즈는 쉽고 재미있는 이야기로 쓰여 있습니다. 흥미진진하게 전개되는 맛깔난 이야기들을 따라가다 보면 '아, 생각은 이렇게 하는 거구나!' 하고 저절로 깨닫게 됩니다. 또한 각 이야기마다 지식 하나에서 여러 가지 의미를 발견하고, 이를 섞고 버무리며 다양한 관점에서 생각해 볼 수 있게 하고 있어, 책을 읽다 보면 생각이 꼬리에 꼬리를 물고 뻗어 나가는 놀라운 경험을 할 수 있을 것입니다.

다양한 분야의 지식과 정보를 넘나드는 통합 교양 상식 백서

이 시리즈에는 방대한 지식과 교양이 담겨 있습니다. 엉뚱한 호기심, 작은 생각 하나로 세상을 변화시키고 인류의 삶을 풍요롭게 만든 인물들의 이야기, 그리고 동·서양의 문화 속에 녹아 있는 다양한 생각과 정서까지…… 옛이야기와 신화, 그리고 역사, 인물, 예술, 과학 이야기를 넘나들며 다양한 교양과 지식을 맛볼 수 있게 했습니다.

생각의 힘을 더하는 철학적인 그림!

이 책의 그림들은 책 내용을 상징적이고 추상적으로 표현해 내며 아이들의 상상력을 자극합니다. 그림 속 숨은 의미들을 생각하며 읽어 나가는 사이 아이들의 사고력은 한 뼘 더 자라날 것입니다.

내 생각이 근질근질해지는 책 속의 책 '생각 사전'

부록 '책 속의 책_나의 작은 생각 사전'에는 책의 내용에서 한 발 더 나아가 책 속에서 얻은 지식들을 '내 것'으로 만들 수 있도록, 보다 구체적인 실례들을 담았습니다. 부모님들과 아이들이 함께 만들어 가는 장으로, 이 책을 읽는 어린이들이 아는 것에 그치지 않고 매일매일 생각하는 습관을 만들어 나갈 수 있게 도울 것입니다.